丹丹学礼仪

邓有吉 ◎ 著

廣東旅游出版社
GUANGDONG TRAVEL & TOURISM PRESS
悦读书·悦旅行·悦享人生

中国·广州

图书在版编目（CIP）数据

丹丹学礼仪 / 邓有吉著. —广州：广东旅游出版社，2017.8
ISBN 978-7-5570-0964-9

Ⅰ. ①丹… Ⅱ. ①邓… Ⅲ. ①礼仪－基本知识 Ⅳ. ①K891.26

中国版本图书馆CIP数据核字（2017）第110587号

出 版 人：刘志松
策划编辑：官　顺
责任编辑：赵瑞艳　彭素芬
装帧设计：谢晓丹
责任技编：刘振华
责任校对：李瑞苑

丹丹学礼仪
Dandan Xue Liyi

出版发行：广东旅游出版社
社　　址：广州市越秀区环市东路338号银政大厦西楼12楼
邮　　编：510060
邮购电话：020-87348243
网　　址：www.tourpress.cn
印　　刷：广州家联印刷有限公司
　　　　　（广州天河吉山村坑尾路自编3-2号）
开　　本：787毫米×1092毫米　　1/16
印　　张：12
字　　数：140千字
版　　次：2017年8月第1版
印　　次：2017年8月第1次印刷
印　　数：1-4000册
定　　价：39.80元

版权所有　侵权必究
本书如有错页倒装等质量问题，请直接与印刷厂联系换书。

《丹丹学礼仪》编委

作者·**邓有吉**
主编委·邵 山 律丽娜
编委·刘 萍 杨梦芸 李宇舟 毛清珂 李 威 冼 烨

目录

1 　　自序
2 　　前言

001　第一章　学习礼仪　从对自身的认识开始

003　　1.良好的站姿加了分
013　　2.糟糕的坐姿丢了丑
022　　3.不安的行走没信心
032　　4.嘈杂的说话扰了人
039　　5.走神的听众很无语

045　第二章　学习礼仪　学会对规则进行研读

047　　6.违反规则的敬礼
055　　7.不合时宜的鼓掌
062　　8.令人捧腹的鞠躬
069　　9.乱了顺序的握手
079　　10.让人尴尬的拥抱

089　第三章　学习礼仪　通过实践达到掌握

091　　11.名片是个人形象的展示
099　　12.介绍是社会交往的桥梁

113　13.着装能体现个人的风采
123　14.乘车要讲究座次的顺序
136　15.乘电梯安全应该放首位

145　**第四章　学习礼仪　领悟内涵提高素质**

147　16.平等原则有助于和谐共处
153　17.适度原则取决于双方共识
159　18.遵守原则是社会秩序的基础
165　19.真诚原则是打开戒备的钥匙
172　20.宽容原则是行为修养的觉醒

179　后记

自序

  这是一本有关礼仪的趣味性读物，同时，它还是一本实用性的礼仪教科书。它的对象很明确——那些即将步入职场或者刚刚步入职场的新人。

  打开这本书，你很容易就会发现，书中的丹丹一点也不陌生：她像是你的同学、师姐、师妹，或许她就是你自己。发生在丹丹身上的一系列故事，实际上每天都发生在你的身边。

  这本书很快就可以看完。但是，如果你想实践书中的知识点，那书中的每一句话，每一个字都需要你慢慢去理解、去体会，足够你花费大量的时间去学习。当然，还有一个巧方法：将这本书放在书架上备用——当你碰到类似丹丹遇见的问题时，打开它，或许你可以更快地找到答案，找到解决方法。

  如果你是家长，当你的孩子步入职场后，而你逐渐感到你对于孩子的支持越来越无力时。那么，将这本书送给她，这或许也不失为帮助她成长的一种有效选择。

  打开书，你会看到丹丹从青涩走向绽放。跟着她学习的脚步，相信你可以找到更灿烂的自己。

邓有吉

2017.4.25

前言

一天，一个大学毕业生咨询我礼仪问题，是那种职场新人常遇到的问题。当我解答完后，顺便提示她这类问题在礼仪工具书中可以找到答案。她的回答令我印象很深刻："老师，好多工具书只规定要这样，不要那样。看不进也记不住，好闷。"当我得知这个女孩名叫丹丹，得知还有很多像她一样的职场新人，在面对工作中的礼仪问题束手无策时，我便萌生了写这本《丹丹学礼仪》的念头。我希望这本书生动有趣看得进，深入浅出看得懂，比照模仿学得会……书中的丹丹从自身完善开始学习，对礼仪规则逐步认识，在礼仪实践中慢慢成长——这一系列的学习让一位青涩的职场新人，成长为一个掌握礼仪技巧而从容自信的丹丹！学习礼仪不应该盲目地被礼仪规则束缚，从而变得过分地忐忑谨慎。学习礼仪应该是真正地去领悟礼仪的核心诉求：平等、适度、遵守、真诚、宽容……这样，当你在职场遇到礼仪问题时，很多貌似复杂和困难的局面都会迎刃而解。来，打开这本书，像丹丹一样学礼仪。相信你也会像丹丹一样，更加自信、美丽！

第一章

学习礼仪
从对自身的认识开始

丹丹是金融学院应届毕业的研究生。在学习上，丹丹是标准的学霸，她以优异的成绩通过论文答辩，同时，在大学生创业孵化器大赛中获得了总冠军！在生活上，丹丹又是大家心目中的女神，不但性格活泼开朗，那168厘米的俊美身材穿什么衣服都好看！可是，在准备毕业求职的过程中，丹丹敏锐地发现了问题：身边的好些同学在求职的时候，因为一些行为表达得不合时宜，最后导致功亏一篑，非常遗憾！仔细分析之下，这些错误常常是一些看上去很平常，却又很难准确掌握的礼仪行为。于是，丹丹积极应对，几经周折找到了老师。她向老师虚心请教，潜心学习，恶补在课堂上学习不到的行为礼仪学知识。

在这一时期，丹丹处于职场道路上的面试、岗前培训等阶段。老师的指导侧重于丹丹礼仪表达上的自我审视，从站、坐、行、说、听这些方面入手。结合丹丹的实际经历，讲解礼仪的基本概念、发展演化，同时给出相应可执行的训练方案。

第一章　学习礼仪
从对自身的认识开始

1. 良好的站姿加了分

"老师，谢谢你的指导，昨天我的面试通过了！"丹丹一进门便高兴地对老师说。

"很好。"老师用鼓励的语气说，"把昨天面试的情景说一下。"

"嗯。"丹丹略回忆了一下，接着说，"昨天，我们一次10人进行集体面试，主考官是公司人力资源部总监张总。或许是因为张总——比对资料的时间较长，大家都站得有些疲惫，于是各种各样的站姿都显露了出来。我牢牢记住老师的指导，一直两腿并紧，收腹挺胸，保持微笑。突然间，主考官张总放下手中的资料，严厉地巡视了大家一眼，说道：'我们公司向来注重整体形象的塑造，希望大家站有站态！大家看看，这一排的丹丹同学站得不错。'听到这话，大家都看了过来，模仿我直立的站姿，调整起来。老师，我想问问你，为什么在正式、公众展示的场合要保持直立才是礼仪的正确表达呢？"

老师笑了笑，说道："要弄清楚这个问题，还是不能绕开什么是礼仪这个概念。记住，礼仪是人类社会活动中约定俗成的一种共识，是大家共同约束行为的参照标准。"

丹丹仿佛明白了什么："那就是说，大家都认可直立的站姿是正式场合中恰当的、好看的站姿吗？"

老师点点头说道："是的。"

"那为什么直立挺拔的站姿大家都觉得好看呀？"丹丹打破砂锅问到底。

"这个问题问得好！"老师说，"人类文明在进化的过程中，用天和地作为衡量人类对世界认知的一个度尺，把人放在天与地之间，于是形成了上为天、下为地的共识。在礼仪文明觉醒的初期，也就是冷兵器战争时代，人类社会逐渐认可了这样的定式表达：战败方要做出低下头颅、俯首称臣的姿态。所以直立平视的姿态，被普遍认同为人立于天地间平等的姿态。用简单的方法来解释，就是头顶与脚后跟保持垂直的重心线。"

丹丹一下明白过来了："对了，对了！那么卑躬屈膝、垂头丧气，就是垂直重心线向地面倾斜破坏，造成了失败者的形象。"

"嗯。"老师赞许地点点头。

"还有还有，趾高气扬、目中无人，则是重心线仰上天空，破坏了平视平等的状态，让人觉得你很骄傲，给人很不舒服的感觉。"

"好，说得对，接着说。"老师鼓励道。

"另外，还有斜肩、歪胯、伸脖、弯腿，会让人本能地与疾病和不健全的形象产生联想，也不是大家共识的站的良好姿态。"丹丹思维活跃地回答道。

"很好！让我们来看看礼仪通识中对站立姿态的认识。"

老师站起来接着说："站立时要头、背、臀、腿、脚跟在一条垂直线上。两肩在同一水平上自然下垂，抬头，挺胸，双眼向前平视，腹部微内收，双脚向外自然打开。"

"是这样吗？"丹丹边听老师说边比划起来。

"你站在墙边来。"老师手把手指导丹丹，"对了，就这样，挺胸、抬头、收腹、提臀、腿夹紧，要把气提住，身体后背尽量贴着墙。想着前面说的要领，就这样坚持一会儿……眼要平视微抬，面带微笑。对了，非常好！有空抽出时间来这么站着训练训练，按照老师的要求去练，在生活中时刻提醒自己。这样，你就慢慢能养成良好的站立习惯，养成良好的站立姿态了。"

"哇，感觉好好哦！"丹丹喜悦地说，"老师，我终于明白了为什么电影、芭蕾舞剧里面的王子，公主那种挺拔的劲头那么帅、那么美了！原来在仪态中，保持垂直重心线，是人们对仪态美的共识啊！"

【仪礼综观】——"站"

　　站姿是礼仪最基础的行为举止，是仪态美的起点。男、女站姿表现着不同的美感：男士应是挺拔俊朗、沉稳大方，女性应是文静端庄、亭亭玉立。通常，人在站立时处于垂直中心线为最佳。诸如伸脖、斜肩、驼背、歪胯、屈膝等，这些都是破坏站立垂直重心线的不良习惯。站立除了要做到挺拔之外，还须注意站姿的优美和典雅。学会标准的站姿，其他姿势的掌握就有了良好的基础。

一、站姿基本要领

　　1. 头摆正。头部正向前方，眼睛平视微抬，表情放松，笑肌微提，保持微笑。忌讳左右摆动，两侧歪斜。

　　2. 颌微收。下颌有意识地向下调整，忌讳做伸脖子状。

　　3. 肩两平。两肩同高，忌讳两肩不等高出现斜肩现象。

　　4. 臂下垂。两臂放松，微微下垂，自然摆放。交叉手位站立时，注意两手合拢时保持大臂下垂，忌讳大臂抬起，肘部过于突出。

　　5. 胸开阔。打开胸腔平面，两肋饱满支撑，忌讳含胸卸肋。

　　6. 背挺直。保持脊椎挺立，肩胛内收，呈垂直姿态，忌讳驼背。

　　7. 腹收紧。腹部收紧提气，以扁平姿态为佳，忌讳腹部肌肉松弛，下坠突出。

　　8. 腿膝直。大腿肌肉收紧，双膝直立，忌讳双脚交叉、O形腿、X形腿站姿。

图1-1 丹丹正面标准站姿图　　　　　图1-2 丹丹侧视标准站姿图

　　站姿三字诀可归纳为：头摆正、颌微收、肩两平、臂下垂、胸开阔、背挺直、腹收紧、腿膝直。牢记这些站姿要领，可用在礼仪站姿的实操训练中反复强化提示。

　　综述：从正面看去，站立姿态的人，应头顶天，脚踩地，头、脊椎、臀部、脚跟呈垂直线，人体在垂直线的两侧对称，表情自然、开朗。

图1-3 丹丹错误站姿与梦梦正确站姿对比图

二、基本站姿实训

基本站姿是其他礼仪姿态的基础，建议男女都要参加训练。具体要求如下：

1．头顶上悬，脖颈挺直，精神饱满。

2．下颌微收，双目平视微抬向着前方。

3．双肩平齐放松，舒展微向后张，气下沉，呼吸自然。

4．两手臂放松，自然下垂于体侧，虎口向前，中指贴于裤缝，手指自然弯曲。

5．胸部肌肉向两旁扩张，略向前上方挺起。

6．脊椎、后背挺直，肩胛内夹，上身充分挺直。

7．腹肌、臀大肌微收缩并向上提，臀、腹部前后相夹。

8．腿部两侧略有偏向中间的感觉，两腿并拢直立，身体重心落于两腿正中。两脚跟相靠，脚尖开度为45°～60°，身体重心落于两脚中间。

三、常见不良姿势

1．手脚部分。抬肘张臂，两腿弯曲，双膝内扣，双脚呈内八字和外八字。

2．身体部分。歪脖子、斜肩、驼背、挺胸翘臀、两腿站位分叉太大。

3．动作部分。两眼东张西望、频繁抖腿甩手、随意摆弄小物件，经常出现抓耳挠腮、拨弄头发等小动作，或者站立时倚在墙角、靠在桌子边、扶着东西、踩着物品等。

以上不良的站姿能真实反映出一个人的生活习惯，给人生活松散、拖拉、无自信心的印象。这些从形态上看不美，又影响人的举止风度，是不雅观和失礼的表现，应加以矫正。

四、常见站姿实训——自然站姿

这种站姿是人们日常工作和生活中最普通、最常用的站姿，其要领如下：

双脚向两侧稍微分开一点，两脚中间的距离为10～20厘米。两脚之间距离不宜过大，要小于肩或与肩同宽。这样有助于更有效地支撑身体重量。否则就会使人身体整体松散下来，容易破坏垂直中心线。在走动中要停下来时，也要保持这种站姿。如日常与人站立沟通时，教师在课堂上，员工去领导办公室汇报工作时，都可以采用这种站姿。自然站姿是在基本站姿的基础上较为常用与实用的站姿，其特点就是可应对长时间站立。双腿的中心支撑均衡的分配尤其关键。同时要持续注意保持上颌微收，面带微笑，不让疲惫姿态轻易流露出来。

五、常见站姿实训——男士站姿

男士的站姿根据手位摆放位置的不同，可分为前手位站姿、后背式站姿、垂手位站姿。

1．前手位站姿。在基本站姿的基础上，两臂从肘关节向腹部抬起至小腹前，两手内扣，左手在外。注意肘关节不要抬起，而是要轻轻向腰间内扣，以保持上身的挺拔。

2．后背式站姿。在基本站姿的基础上，两手从肘关节向后，两手相握。要保持上身不变，注意手的位置不可在腰间，而应在腰部下方，即尾骨上方。

3．垂手位站姿。在基本站姿的基础上，双手垂直，中指贴于裤缝。注意手不可呈拳状，而是手掌自然平垂，轻靠大腿两侧。

4．交谈中的站姿。可因交谈内容的需要辅以手势的运用。在较轻松、非正式的场合，可随意融洽地与朋友进行站位移动，辅助拍肩、握手、拥抱等动作增进言谈交流。在与亲朋好友交谈的非正式场合，男士站姿可更为随意和潇洒，可以不拘小节。偶尔两手叉腰或带有手脚小动作在一定时候也会显得潇洒、活泼。

总之，站姿分正式政务、商务场合和非正式社交场合。如果非正式场合过于拘谨，就会给人一本正经、呆板严肃的印象，会让人觉得难以接触和交往。不过，无论是什么场合，站姿仍然要注意抬头、挺胸、收腹，保持身体的直立，维护站姿中垂直重心线的基本要求不变。

六、男士站姿训练技巧

用自己的手背去找自己的臀上部，即可保持胸部的展开。如有手位动作站立时，手位动作也要因场合、角色、性别的不同而发生变化，并且有一定的规矩。在正式场合，男士的站姿应挺拔式。在学习仪仗队的特定站立姿态时，要做到身体直立，收颌挺胸，两眼平视，两膝并严，脚跟靠紧。脚掌分开呈"V"字形，提气立腰。双手放至裤缝处，双眼向目标物行注目礼并保持持久专注。

七、常见站姿实训——女士站姿

1．丁字步站姿。日常生活中女士大多是自然站姿。丁字步站姿是在基本站姿的基础上演变，头与上身不变，从脚位小八字，右脚尖向外轻轻分开2厘米，斜视45°，左脚贴着右脚内侧上移到右脚窝处站好。技巧在于左腿腿肚子找向右腿，使大腿内侧夹紧。站立时为达到肩打开胸前阔的效果，可以双肩上提向后一些，然后由肘关节带动双肩向下向后扣。

2．迎宾站姿。在丁字步的基础上，用肩胛骨的力量控制上身和头部不变，肘关节轻轻前提于腹前，两个拇指藏于手心内，在肚脐眼下面，使小臂自然弯曲，右手搭在左手上呈半握状态。将重心轻移于前脚掌，给人以亲切感。要注意保持站姿体态的相对固化，尽量减少过多的姿态调整。注意两个肘关节的控制力，自然靠在身体两侧，不能过于前提，更不能大幅度后扣。

3．调节式站姿。身体重心偏移到左脚或右脚上，另一条腿微向前屈，可以稍微弯腰，脚部放松，上身须保持正直，注意尾骨不要突出。要让趾骨上提，胸部前提，使身体各个关节的受力比较均匀。因为当抬头微收下颌时，胸部变得开阔，呼吸也会舒畅，身体得到足够的氧气，精神、注意力都会比较集中，会给人一种积极向上、精神饱满的印象。调节式站姿的关键在于可以巧妙地移动重心又不明显地改变身体形态，可缓冲女士站的时间长、疲倦劳累的情况。好的站姿，不只是为了美观，对于健康也是非常必要的，同时更是尊重他人的一种表现。

八、女性站姿实训方法

1．靠墙站立练习。要求脚跟、两肘、双肩、后脑勺（七点靠墙）都紧贴墙，每次坚持15~20分钟，练习站立者动作的持久性与挺拔感。

第一章　学习礼仪
从对自身的认识开始

2．两人一组练习。要求两人背靠背，以对方的腹部、肩部、后脑勺为接触点，练习动作的稳定性。

3．面对训练镜练习。要求在正确的站姿基础上，结合脸部表情练习（全程保持微笑状态），使规范的站立姿态与热情的微笑相结合，完善站姿的整体形象。

九、站姿训练须知

1．注意肌肉张弛协调，强调动作挺立，呼吸要自然均匀，同时注意站立时以标准站姿的形体感觉为基础，进行整体规范动作训练。

2．注意正确的站姿应该融入自身的日常行为举止中，逐渐养成习惯。只有将正确规范的动作与日常生活习惯相结合，才能运用自如，分寸得当，

图1-4 正式场合站姿　　　　　　图 1-5 休闲自由站姿

涵养有素。

3．专注的精神状态能够强化提升训练效果。训练时身体的相关肌肉要同步参与进来，如头顶上悬、肩下沉、腹肌和臀肌形成夹力这些不同部位的动作是同步进行的。

4．提高自身内在修养，不断在性格和意志上磨炼自己，从内而外塑造挺拔向上、舒展健美的形态，散发出美的气质。

站姿视频链接

第一章　学习礼仪
从对自身的认识开始

2. 糟糕的坐姿丢了丑

"老师，我的二试通过了！不过我的同学却因为一个礼仪上的失误，被刷了下来，好可惜……"丹丹又兴奋又惋惜地说。

"哦？"老师示意丹丹继续说下去。

"是这样的，昨天专业答辩二试的模式是：一人答辩，下一位旁听，题目随机抽取。我前面刚好是我的同学丁丁。她的专业能力很强，答起题来依据充分，思维很敏捷。可是当我观察考官时，却发现了异样的情况——坐在正中的男考官眼神游离，一脸尴尬。坐在两旁的两位男考官也是一样的神情。当看到坐在最边上的那位女考官时，我发现女考官是一脸愠怒。我连忙再观察丁丁，即刻发现了问题所在：只见丁丁上身穿着一件白衬衣，下身穿一件灰色的西裙，正对着考官答题。可能是由于答辩太投入，同时又不太注意坐姿，她的双腿叉开很大，裙底暴露无遗！而且这个坐姿持续了很长时间，真是羞死人了！正在这时，女考官突然打断丁丁的答辩，很严厉地说，好了，你的答辩结束了，下一个！丁丁被这突如其来的打断弄得蒙圈了，完全不知道哪儿出了问题，退出考场时还丈二和尚摸不着头脑。到了我的时候，我谨记老师的指导：保持腰部直立，腿部并拢的坐姿，顺利完成了答辩。呢……老师，我也知道女生叉开腿坐是不对的，可是女生为什么不能叉开腿坐呢？"

老师调整了一下坐姿，说道："还是先补充一下知识点——礼仪行为的规范是在多数人认可的基础上，经过长时间的演变而形成的约定俗成的共识。同时，这些共识的规范也会因种族、历史、时代的变迁而产生变化。对于坐姿的认识也不例外。"

013

丹丹侧着头想了想，说："的确，我们都知道在公开场合女生叉开腿坐很不雅，这是大家的共识，可还是有点弄不明白为什么不应该这样。"

老师稍微思索了一会儿，换了一个角度问："生理卫生课你们上过了吗？"

"上过，关于男性与女性的区别，关于性行为的知识我都明白。"丹丹大大方方地说。

"嗯，"老师点点头，接着说，"在人类的性行为中，由于生理构造的不同，常规的方式是：女性要自愿完全叉开腿才能完成内心接纳的愉快的性行为过程。自愿、主动这一认知让人们普遍共识为女性叉开双腿代表着性接纳。由于社会活动中躺姿几乎是不存在的，所以女性叉腿坐姿的形态便等同于性接纳的替代姿势，成为了性暗示、性挑逗的隐喻。"

"哦，这么说我明白了！"丹丹吐了吐舌头做了个鬼脸，"我昨天看了部美国西部片，片中的妓女就是叉开腿坐在吧台上，不时撩动裙子勾引淘金客！原来如此！"

老师正色道："对集体共识的规则保持严格遵守是礼仪原则的要素之一。女子在公共场合叉开腿坐，容易让人产生行为随意和生活不检点的印象，是集体共识所认为的极不文明的行为。严重时，还会让不轨之徒产生误判，有可能造成更负面的结果。"

"是的，是的！"丹丹赞同地说。

"在中国古代对女子坐姿有着严格的要求。其中关键点就在于双膝要并拢，腰部挺立。所以，女子出现在公共场合时，通常裙袍过膝，并膝正襟端坐。这样才显得贤良淑德。"老师专门强化了坐姿的知识点。

"嗯。"丹丹认真地听着，下意识地也把腿并了起来。

"丹丹，坐到这张凳子上来。"老师指着训练厅中间的凳子，继续指导丹丹练习，"入座时要轻稳，不能坐满整个椅子。坐好后，双腿要并拢，身体要自然挺直。另外，坐姿要稳，忌讳左右挪动。同时，双目要平视，头正，下颌微收，面容平和自然，双掌自然轻放于腿上或腹前。"

丹丹认真地体会着正确的坐姿坐了好一会儿，突然间捂着嘴嘻嘻笑了起来："呵呵，原来大家闺秀是这样坐的呀！"

【仪礼综观】——"坐"

坐，是一种静态举止。优雅的坐姿传递着自信、稳重、大方、友好的信息，可以显示出端庄高雅的风度气质。坐姿同样有美与丑、优雅与粗俗之分，是人际交往中最重要的人体姿势。它反映的信息也非常丰富，古人常以"坐如钟"来形容标准的坐姿，即坐着要像钟那样端正。端庄优美的坐姿，往往会给人以文雅、稳重、自然大方的美感。但是，掌握文雅优美的坐姿并非是一项简易的技能，也要进行必要的训练。因为坐姿也是礼仪姿态主要的内容之一。

一、坐姿的基本要求

坐姿动作过程的要领归纳口诀为：轻入、雅落、慢离。

1. 对着凳子要：轻入。
2. 屈膝下坐要：雅落。
3. 起身离凳要：慢离。

处于坐姿时，正确的姿势是脊背挺直，肩放松。女性双膝并拢，男性两膝自然分开与肩同宽。双脚自然着地，脚尖靠紧地板。双手自然放在膝上或椅子扶手上，上体直挺，勿弯腰驼背，也不可前贴桌边后靠椅背。上身与桌边、椅背应相距至少一拳左右的距离。坐姿时要端庄沉稳，忌讳左右腾挪，伸脚抬腿。古人对坐姿有着形象的形容："坐如钟。"这个形象的比喻说的就是人在端坐时沉稳大方、从容自信的形态。

图2-1 丹丹标准正向坐姿图　　　　　　图2-2 丹丹标准侧向坐姿图

二、基本坐姿实训

入座后，坐在椅子面约3/4的位置。上半身直立，脊椎与椅背有个较为适当的距离。注意头部位置的端正，不要出现仰头、低头、歪头、扭头等情况。坐定之后，微收下颌，双目平视。掌握了这一点，就能达到躯干挺直的状态，是控制上身的关键。男士坐姿的时候双膝可以适当分开，其宽度不超过自己的肩宽，身体不能半躺在椅子或沙发里面。女士双膝并拢，双腿垂直于地面或者向左右侧放，或者一脚前一脚后。

坐姿状态中，对下肢体位的准确认识是掌握正确坐姿的关键因素。常见的坐姿下肢体位主要有以下几种：

1. 基本坐姿。主要要求是：上身与大腿根部、大腿与小腿之间都应当形成直角状态，小腿垂直于地面，双膝、双脚都要完全并拢。男士双手放在腿上，女士右手在上，两手叠放于腿上。这是坐姿训练最基本的，通常适用于正规的场合。

2. 双腿侧叠式坐姿。这适于穿裙子的女士在公开场合就座采用。主要要求是：双腿并拢或叠起，双脚同时向左或向右侧斜放，力求使斜放后的腿部与地面呈45°夹角。切记伸的方向一定在体侧，左手在上，两手叠放于腿上。

3. 正脚位于丁字式。这是女性适用的一种坐姿。主要要求是：膝关节合并、中腰立起，两脚平放于地面，左脚位于右脚的脚窝处，呈45°分开，左手在上，两手叠放于丁字的腿上。

4. 前伸后点式。这是女性适用的一种坐姿。主要要求是：膝关节合并，向前伸出的一条腿约45°，脚平放于地面，另一条腿屈后，脚尖点地，两腿膝盖并紧。两小腿向后屈回，脚尖着地，适于女士在各种场合采用，需注意的是双脚前后要保持在一条直线上。

5. 垂腿开膝式。多为男性所用。主要要求是：在基本坐姿的基础上，将双膝自然分开点，通常为一到两拳的距离。切记双膝距离不要超过肩宽。

6. 双腿正叠式（跷二郎腿）。多适合男性在非正式场合采用。主要要求是：两条腿在大腿部分叠放在一起，叠放之后位于下方的腿垂直于地面，脚掌着地；位于上方的腿，小腿要内收，同时以脚尖向下为宜。切记两手在膝盖上叠放，不可双手抱着膝盖。

坐姿状态中，手臂摆放的正确位置主要有以下几种：

1. 放在大腿上。这是男士的日常习惯做法。一是双手自然地扶在左右腿上，二是双手叠放或相握后放在两条大腿上，两手在双腿之间，更强调的是，不可以将手前移，放在膝盖上，因为手前移就会使上身部分下塌，影响整体形象。

2．放在一条大腿上。在与人侧身交谈时，通常宜将双手置于自己所侧一方的那条大腿上，双手叠放、相握或十指交叉。

3．放在皮包或文件上。这种情况通常出现在某些公共场合，工作中的男士或穿短裙的女士入座时，一般可将自己随身携带的背包或文件夹放在并拢的双腿上，随后，即可将双手自然地置于其上。

4．放在身前桌子或椅子的扶手上，将双手自然地放在桌子边缘，或将双手分扶在两侧扶手上。

三、常见的不良坐姿

1．坐姿时，将双手合并夹在两腿之间。

2．坐姿时，双腿叉开过大。女性应双腿合并，男性双腿分开幅度应比肩窄。

3．坐姿时，将小腿横架在另一条大腿上，两者之间还留出很大空隙。

4．坐姿时，将双腿直挺地伸向前方。

5．坐姿时，将双腿或单腿置于高处，或将腿抬到身前的桌子或椅子上。

6．坐在别人面前，一只脚的跟部点起，腿部不停地抖动。

7．身前有桌时单手或双手放于桌下。

8．不宜将脚尖指向别人，这一做法是非常失礼的。

9．将头靠在椅背、趴在桌子上。倚靠在椅子扶手上或前探身双手抱腿。

四、社交场合的入座礼仪

1．讲究顺序，体现礼貌与尊重。

要让尊者先入座，礼让尊长。

有女士在场时要让女士先入座。

要把舒适宽敞的座位让给别人。

2. 注意方位，遵守共识规则。

从座位的左侧入座。

背对座椅，轻稳落座。

3. 观察体位，避免碰撞。

在别人面前入座时做好找到背对座椅的位置，右腿后退半步，用小腿确定座椅的位置后，上身正直顺势坐下，如果是有扶手的座椅，也可搭扶扶手。

4. 举止适度，讲究风度。

入座动作要轻缓，尽量不要发出声响。

对就近邻座的人轻微点头致意。

5. 尊重他人，有礼有节。

在公共场合，要想坐在别人旁边，须先征得对方同意。

6. 保持仪态，举止文雅。

女士着裙入座时，应先用双手从后向前拢好裙子，切忌入座后整理衣裙。

五、社交场合的离座礼仪

1. 示意离座。

离开座位时，如果身边有人，应该用语言或者动作向对方先示意，随后再起身离开。突然起身离座容易惊扰到身边的人。

2. 从左离开。

左入左出，是坐姿礼仪的集体共识，是礼貌的方式。

3. 举止轻稳。

离座要自然稳当，右脚向后收半步，然后起立，尽量不发出声响。

4. 讲究顺序。

与别人同时离座时，要让尊者、女士、小孩先离座。

六、坐姿在不同场合的运用

根据所在场合的不同坐姿也有不同的规则。休闲场合如酒会、晚宴等可休闲放松着坐。而正式场合如公务会议、仪式庆典就要正式就座。

在休闲场合中，对于坐姿就没有太过严格的要求，一些随意的上身姿态，手部动作反而给人以轻松自然的感觉。倚靠椅子后背的坐姿主要用于休息，一般是在没有他人、长时间坐立的情况下使用，休闲交谈的情况下使用这种坐姿也是常见的。

非正式场合，男士偶尔可以适当地将一条腿叠在另一条腿上，即俗语中所说的"跷二郎腿"。这样的姿势在休闲场合是可以使用的。但是，使用这种坐姿时也要注意一些细节：

1. 在跷二郎腿时千万不能抖动腿部，否则会显得为人轻浮，也不礼貌。

2. 脚尖不要指向谈话对象，用脚尖指向对方就与用手指指向对方一样是不尊重的做法。

3. 在跷二郎腿时鞋底一定不能露出来，要保持向下的方向。

4. 在与上级、贵宾和长辈见面时不论什么场合都不要跷二郎腿。

在实际工作和生活中，坐姿的运用应视情况和环境进行应变。比如，正在低头俯看书籍或物品需要回答他人问题时，请务必要抬起头来，目视对方；在与同样处于坐姿的人交谈时，为表示尊重与重视对方，不应只将面部侧向对方，而是应将整个上身朝向对方，将身体端正微微前倾，正面面向对方，这样能够表现出你对对方的重视和尊重。

第一章　学习礼仪
从对自身的认识开始

图2-3　侧并腿坐姿与正并腿坐姿示范图

图2-4　交谈坐姿图

坐姿视频链接

021

3. 不安的行走没信心

"老师，我想想明天就害怕。"丹丹忐忑不安地说。老师摘下眼镜，看了看丹丹问道："怎么啦？"

"今天公司安排我们到大礼堂彩排迎新晚会，我们新入职的员工坐第六排，刘总临时决定到时由我作为员工代表上台讲话。我试了一下，从座位走到讲台前，大概需要三十五步。想到我一个新人要在众人注视之下，从台下走上讲台，太紧张了！你说过，行走也是礼仪行为的基本要素，那我到时候该怎么走才合适呢？"

老师笑了笑，说："你先说说紧张时行走会出现什么状况？"

"呃……紧张时，腿会发软，感觉迈不开腿。"丹丹挠着头尴尬地说。

"用专业的描述就是步频慢，步幅小？"老师耐心地引导着。

"是的，也有可能心慌乱，急匆匆的很狼狈。"丹丹想了想补充道。

"哦，那是步频快或者乱，步幅大或者不规律。"老师又强调了一下。

"是呀，是呀，总之感觉走起来会很不自在，旁人看起来也不舒服。"说到这儿丹丹调皮地吐了吐舌头。

老师挥了挥手，示意她集中精神："我们还是用科学的方法来对待感觉的问题，前面说的步幅大小、步频快慢参照的标准是什么？"

"这……"丹丹一时回答不上来。

"这还是要从'人'这个主体去衡量。"老师接着说，"一般来说，人在行走时，两腿之间保持与肩同宽的距离能够更有效、更有力地支撑身体的移动。因此，行走时以一肩之宽的步幅是比较合理的。一般情况下，女士为

30厘米左右，男士为50厘米左右。另外，步频的节奏以左右步伐接近健康心脏跳动的速度为佳。但是由于环境、事件、场合、对象等因素对情绪影响各有不同，具体呈现出来的结果也会有差异。从行走礼仪的训练角度来说，通常女士每分钟118～120步，男士每分钟108～118步，是可以应付大多数社交礼仪步频的表达的。"

"真没想到行走的知识里有这么多的奥妙。"丹丹钦佩地说，"我也知道行走的时候要从容，要沉住气，要平稳，要不疾不徐。但通过你这么指导，我就更明白其中的科学规律，更有信心去面对了。"

"好，我们来练习一下行走的礼仪。"老师一边指导丹丹训练，一遍强调要求，"步伐要平稳，要走直线，步幅要与肩同宽。"

丹丹听着老师的要求，试着大胆地走起来。

"好！步伐注意匀速，注意节奏！上身要挺直，收腹，双肩要平稳，手臂自然摆动。"老师不断地提示行走的要领，"很好！再自信点！迈开步，目视前方，注意微笑，微笑！"

这时的丹丹越走越自信，动作又洒脱又自然。丹丹露出了灿烂的微笑，一边练习一边愉快地向老师展示："老师，你看！你看！是不是这样？是不是这样？"

【仪礼综观】——"行"

行，是动态的礼仪形态，指的是人们举步走动的过程。对任何一位正常人来说，步行无一例外地都是其活动的基本方式。步行中的走姿是一种动态美，潇洒优美的走姿，能增加一个人的魅力：男士的走姿要刚健有力、豪迈稳重，有阳刚之气；女士的走姿要轻盈自如，窈窕含蓄。根据礼仪规范，步行时须自尊自爱、以礼待人。步行之时，不论一个人独行，还是多人同行；

不论行走于偏僻之地，还是奔走于闹市街头，都有其基本的礼仪应当遵守。

一、走姿的基本要领

1. 上身基本保持站立标准，双肩平放，背部舒展，目视前方20米处。

2. 面带微笑，下颌微收，胸上提，立腰，手臂垂直放松，手指自然弯曲，虎口朝前。

3. 以肩部为轴，大臂根部不动，小臂前后自然摆动。

4. 行走中要注意步位。所谓步位，就是脚落地时的位置。一般来说，以两只脚踩的是一条直线为标准。行走速度适中，不宜过快过慢。男士走路两步之间的距离要大于自己的一个脚掌长，女士穿裙装走路时要小于自己的一个脚掌长。正常情况下，步速要自然舒缓，才显得成熟自信。

图3-1 丹丹行走示范图　　　　　　图3-2 丹丹行走示范图

5. 行进时身体重心必须向前微倾，身体的重量要落在前脚掌上。在整个行进过程中，应注意使自己身体的重心随着脚步的移动不断地向前过渡，而切勿让身体的重心停留在自己的后脚上。

二、走姿的分类

1. 前行式走姿。身体保持直立挺拔，行进中若与人问候，要同时伴随头部和上身的左右转动，微笑点头致意。

2. 后退式走姿。当与他人告别时，扭头就走是不礼貌的。应该是先后退两三步，再转身离去。后退的步幅要小些，两腿之间距离不能太大，先转身再转头。

3. 陪同引导式的行姿。陪同，指的是陪伴着别人一同进行。引导，则是指在行进之中带领其他人。陪同引导服务对象时，若双方并排行进，陪同引导者应居于左侧；若双方单独行进时，则陪同引导者应居于服务对象左前方一米左右的位置。当服务对象不熟悉行进方向一般不应请其先行，同时也不应让其走在外侧。陪同、引导客人时，一定要处处以对方为中心。行进的速度须与对方相协调，切忌我行我素，走得太快或太慢，每当经过拐角、楼梯或道路坎坷、照明欠佳之处时，应提醒对方留意。陪同引领客人时，有必要采取一些特殊的体位。请对方开始行进时，应面向对方侧身位走姿。这种走姿运用于引导他人前行或在较窄的走廊、楼道与人相遇时。若是引导，要走在来宾的左侧，上半身稍向右转体，左肩稍前，右肩稍后，身体朝向来宾，保持两步左右的距离。

三、错误的走姿

1. "送膝"现象。走路时两臂过慢会出现"送膝"现象，即前面的脚刚落地，身体会伴着膝盖向下一压。这种现象男士多于女士。这样走路的人，两臂摆动过慢，而且大臂发力，速度不快。但步子大，姿势不美。

2．歪肩，两肩不在同一水平线上，习惯性地一侧偏低。这种走姿，会导致脖子发硬和头部倒向一侧。

3．大臂不动，小臂摆动过快，这会使脚步很小，而且速度过快，给人不稳重的感觉。

4．下颌前伸，导致胸前压着而背部低驼，给人以懒散的感觉。

5．摇晃两肩、扭腰摆臀，给人松散、傲慢、左顾右盼的印象。

6．脚位内八字或外八字，内八字走路的人根本是膝关节内扣所致，外八字走路的人是脚跟部外展，这两种走路的姿势都是非常不严谨的。

四、步行的礼仪实践

人们在步行时往往会置身于不同的环境。此时，面对不同的情况既要遵守走姿的要求，又要根据具体情况的变化采取相应的措施，使得步行的礼仪落到实处。步行的具体情况，大体上包括漫步、道路上行进、上下楼梯、进出电梯、出入房间、通过走廊或拥挤之处、排队等。

1．漫步，又叫散步。

它是指以随意行走为表现形式的一种休息方法。它一般不受时间、地点、速度等方面的限制。

漫步通常可分为以下两种情况：

第一种是个人漫步。在个人漫步时，无须顾忌太多，只要注意安全，不扰他人即可。

第二种是多人漫步。多人漫步，尤其是与尊长、异性一起在颇为正式的场合漫步时，重要的是要注意在行进位置的具体排列上要符合礼仪。多人并排行走时，一般以右为尊，以内侧为尊；以左为卑，以外侧为卑。若并行者多于三人，则以居中者为尊。多人单行行走时，则大都以前为尊，以后为卑。

2．道路上行进

在道路上行走，尤其在街头巷尾行走，讲究要比漫步时多得多。以下几点尤须关注：

第一，行走在道路上，要自觉地选择走人行道，不要走行车道，并应自觉让出专用的盲道。无人行道时，应尽量选择走路边。

第二，在道路上行走时，按惯例应自觉走在右侧一方，而不可为图省力，而逆行于左侧一方。如果大家都那样做，交通将必乱无疑。偶遇无路之时，仍应行走于右方。

第三，多人在道路上行走时，宜前后分散或单行行进，而不宜并排行走，更不应多人携手并肩而行，否则将人为地制造路障。

第四，在道路上行走时应保持一定的速度。不要行走过于迟缓，阻挡身后之人。尽量不要在道路上停留、休息，或是与亲朋好友进行长谈。

3. 上下楼梯

上下楼梯，应注意以下六点：

第一，上下楼梯均应单行行走，不宜多人并排行走。

第二，不论上楼还是下楼，都应靠右侧而行，即应当右上右下。将左侧留出来，是为了方便有紧急事务者快速通过。

第三，上下楼梯时，若为人带路，应走在前面，而不应位居被引导者之后。

第四，在上下楼梯时，因为大家都要留心脚下，故不宜进行交谈。站在楼梯上或楼梯转角处进行深谈，会妨碍他人通过，亦不允许。

第五，与长者、女士一起下楼时，若电梯过陡，应主动行走在前，以防身后之人或有闪失。

第六，上下楼梯时既要多注意楼梯，又要注意与身前、身后之人保持一定距离，以防碰撞。

除此之外，还要注意上下楼梯时的姿势、速度。不论自己事情多么急，都不应该在上下楼梯时推挤他人，或是坐在楼梯扶手上快速下滑。上下楼梯时快速奔跑，也不大适当。

4. 进出电梯

进出电梯，要注意以下两大问题：

第一，安全第一。

当电梯关门时，不要扒门，或是强行挤入。在电梯人数超载时，不要心存侥幸地非进去不可。当电梯在升降途中因故暂停时，要耐心等候，不要冒险攀缘而出。

第二，关注顺序。与不相识者同乘电梯，进入时要讲先来后到，出来时则应由外而里依次而出，不可争先恐后。与熟人同乘电梯，尤其是与尊长、女士、客人同乘电梯时，则应视电梯类别而定：进入有人管理的电梯时，应主动后进后出。进入无人管理的电梯时，则应先进去，后出来：先进去是为了控制电梯，后出来同样也是为了控制电梯。

5. 出入房间

个人进出房间，若无他人在场，自然无须过分拘束。若有他人在场，尤其是遇上比较正式的情况时，则应在下面几点上多加留意：

第一，开关房门。

不论出入房门，都应以手轻扒、轻拉、轻关，绝不可以身体的其他部位代劳。例如，不能以肘推门、以脚踢门、以臀拱门、以膝顶门，也不能听任房门自由地开关。

第二，讲究面向。进门时，如已有人在房内，则始终应面向对方，尤其是切勿反身关门，背向对方。出门时，若房内仍旧有人，则在行至房门、关门这一系列过程中，尽量面向房内之人，不要以背示人。

第三，关注顺序。在一般情况下，应请尊长、女士、来宾率先进入房间，率先走出房间，必要时应主动为之效劳，替对方开门或关门。若出入房间时恰逢他人与自己方向相反出入房间，则应礼让对方。一般的讲究是房内之人先出，房外之人后入。倘若对方为尊长、女士、来宾，亦可不遵比例，而优先对方。

6. 通过走廊

许多房间往往由长度、宽窄不等的走廊连接在一起。走廊虽有室内走廊与露天走廊之分，但通过它们时所讲究的步行礼仪却基本相近。主要有四种情况。

第一，单排行进。在走廊里行进时，至多允许两人并排行走在一起。若多人一起并行，对不大宽敞的走廊来说显然是不适宜的，因为那样有可能阻挡别人。

第二，主动右行。这样做的话，即使有人从对面走来，也会两不相扰。不过若是在通过仅容一人通过的走廊时遇上此种情况，则应面向墙壁，侧身而让，请对方先通过。若对方先这样做了，则勿忘向其道谢。

第三，缓步而行。通过走廊时，宜步伐和缓，并悄然无声。因为走廊多连接房间，若快步奔走、大声喧哗、制造噪声，难免会干扰别人。

第四，循序而行。不要为了走捷径、图省事、找刺激，而去跨越某些室外的栏杆，或是行走其上。

7. 拥挤之处

在商厦、机场、车站、码头、邮局、农贸市场、通衢大道等处行走，难免会碰上行人如织、摩肩接踵、熙熙攘攘、人来人往的情景。在此类相对较为拥挤之处行走时，以下几点应予以关注：

第一，不逗留过久。在此类地方将事情处理之后，即应马上离开。千万不要没事找事干。留在这里聊天、休息、看热闹，从而使拥挤更甚。

第二，不阻挡他人。没有万分必要，最好不要在这种场合与人拉手、挽臂、搂抱而行。携带东西时，最好抱在身前，或以一只手提拎。

第三，不手舞足蹈。由于这类地方行人较多，因此最好不要做出任何毫无必要的动作，如猛然挥手、踢腿乱蹬等，以免生事端。

第四，不高声谈笑。在拥挤处与人交谈，切记调低音量，能让对方听清楚就行了，不要大喊大叫、大吵大闹。此种令人瞠目的表现，不但会制造噪声，而且还有存心吸引异性之嫌。

8. 排队

在公共场合，每逢许多人要同时做某件事情，而又要区分先后次序时，排队通常是解决问题的最好方法。排队，简单来说，就是人们按照先来后到的顺序，一个挨一个地排列成行，以便依次从事某事。在排队时，应当遵守的礼仪规范有三条：

第一，养成排队的习惯。需要排队的时候，应保持耐心，自觉地排队等候。不要起哄、拥挤、不排队或破坏排队。排队自觉与否虽是区区小节，却是反映个人素质的一个侧面。

第二，遵守排队的顺序。排队的基本顺序是：讲究先来后到，必须依次而行。排队时，一定要遵守并维护这一顺序，不仅要自己做到不插队，而且还要做到不让自己的熟人插队。

图3-3 丹丹行走示范图

第三，保持适当的间隔。在排队时，大家应缓步而行，人与人之间最好要保持0.5～1米的间隔，至少不能一个人紧挨着另一个人，前胸贴着后背。否则会让人很不舒服，甚至会影响他人。例如，在排队打公用电话、在银行存钱、在自动取款机上取钱时，后面的人要是与前面的人贴得过紧，就有可能使前边的人感到很不舒服，或是心生戒备。

综述步行基本的要求：步行有着普遍通行的礼仪守则，在不同的条件下还有各自不同的具体要求。步行时要遵守礼仪规范，严格约束个人行为，始终自律。

4. 嘈杂的说话扰了人

"老师，我感到很困惑……"丹丹有点茫然地说道。

"你说吧，怎么了？"老师和蔼地说。

"我们的入职手续已经办完，我与另八名新入职的同事被安排在项目客户部实习。今天早上，我们在一个公共的大会议室。分别在不同的区域向各自的主管汇报项目设计方案。我邻桌的那位新同事，可能过于投入，说话很兴奋，音量很大，搞得我几乎无法集中精力去展示我的设计，其他桌的新同事与主管也都纷纷侧目，可他自己却浑然不觉，后来还是公司的主管刘总走过来要求他降低音量，整个大会议室才恢复了有秩序的状态。"丹丹复述了当时的情景。

"你的困惑是什么？"老师问。

"呃……在这样的公共场合下的分组交谈，怎样的声音大小才是适宜的？"丹丹想了想，把她的困惑说了出来。

老师沉思了一下，说："在礼仪行为表达中，'不扰人'是自律原则的关键点之一，音量过大打扰到别人确实不好。人们通常用分贝作为音量的计量单位。那么，关于分贝对耳朵的影响，你们是学过的，你先说来听听。"

"1分贝是人耳刚刚能听到的声音。20分贝以下是安静，20～40分贝属于耳语。40～60分贝较为清晰适中，70分贝起为吵闹，90分贝以上便会听力受损。"这些知识点丹丹记得很牢。

"好，在没有辅助设备的一般情况下，声音是通过什么传播的？"老师接着问道。

丹丹答道:"声音是通过空气传播的,大约每秒340米。"

"很好!"听到这里,老师接过话头,用鼓励的眼神示意了一下丹丹。

聪明的丹丹马上反应过来,喜悦地叫了起来:"我知道答案了!那就是在分组交谈时,每一个独立谈话的单元都应该把声音控制在40分贝以下,因为声音通过空气传播,在空旷的公共区域无法阻隔。过于大声,造成的高分贝声音就会干扰到别人。"

老师稍微点了点头:"其实,声音在空气中传播是随着距离慢慢衰减的,控制好声音传播临近他人时,没有造成嘈噪的高分贝即可。举个例子,40分贝就大约是轻咳一声的音量吧。"

丹丹的疑团解开了,高兴地对老师说:"谢谢老师,我知道了!"

"说的最终目的是交流思想,表达感情。因此,在言谈中,对音量的把控只是说的礼仪的一小部分。更重要的是声以传情,词以达意的说话方式才能让大家感受良好,从而达到交往各方和谐愉悦的礼仪目的。人们在说话时语气要诚恳,交谈当中要注视对方的眼睛,不要东张西望,面带倦容。这样会让对方感觉你心不在焉,这是很不礼貌的。另外,人们之所以赞美百灵鸟嗓音优美动听,那是因为人们在百灵鸟婉转的歌喉中感受到此起彼伏的倾诉,听不到刺耳分贝的嘈杂。在实际的社会活动交流中,掌握说的礼仪,能够展示一个人的性格、修养和文明素质。从训练的角度出发,大声朗读诗歌是促进迅速掌握说话技巧的好方法。"

"好嘞!明天开始每天早上起来朗诵诗歌!"丹丹活泼地站了起来,清脆地响应道。

【仪礼综观】——"说"

说话是一门艺术,它包括了谈吐、交谈等社会交往行为。在表达一个情感的过程中,说话的方式、方法、态度不同,会得出不同的结果。好的说话方式可以让对方愉悦和乐于接受，糟糕的说话方式让人抗拒甚至心生厌恶。以下是应注意的几个方面：

一、明确交谈话题的定位

交谈中，话题的选择直接决定着谈话是否能顺利进行和由此产生的交谈效果，一次正常的交谈能否愉快地进行下去，和话题的选择有着直接关系。事实上，人们在交谈时，往往会对有些话题特别热心，对有些话题却毫无兴致，这和性格、爱好、工作、专业等有着直接的关系。所以，这就决定了我们在谈话时一定要慎重选择话题。

二、选择双方感兴趣的话题

若有时在陌生的环境中，遇到陌生的人，如何选择双方的共同话题呢？最简单的办法是通过观察来判断对方的职业、年龄、性格。通过谈论新闻事件、天气、运动项目等缓解紧张的话题来相互了解。如果都不好明确，那就谈最新潮的话题。

三、学会适时转换话题

人们在相互交谈中，一个话题不会总是贯穿始终的，转换话题的情况也是司空见惯的。一种是随着交谈者兴之所至的自然转换，另一种是交谈者要控制交谈的方向，具有一定的控制技巧，主动更换话题。主动转换话题多见于以下场合：

1. 冷场，谈话难以继续。
2. 失言或出现意外的尴尬局面。
3. 意见发生分歧，不便、不想或者不必争论。
4. 谈话过程中出现"第三者"，要保密或避讳等。

图4-1 丹丹解说式交谈示范图

四、语言艺术

说包含了谈吐，优雅的谈吐代表着良好的语言艺术能力，是形象的重要组成部分。谈吐不仅指言谈的内容，而且包括言谈的方式、姿态、表情、速度、声调等。文雅的谈吐是学问、修养、聪明和才智的流露。任何语言贫乏、枯燥无味、谈吐粗俗的人，都会使人感到厌恶。在日常用语中表现出谦虚和恳切，容易获得人们的尊重。常常在一些正规的场合使用文雅的语言表达，能体现出一个人的文化素养以及尊重他人的个人素质。

语言要言之有物。在公务场合中与人交流时，要尽量表现出我们的干练与睿智，才能更好地体现出我们的素质和能力。语言内容要有意义，也就是要言之有物，这样才能促进双方的交流。如果仅仅是一些表面的客套话，那是不可能有深入的交流。所以说话一定要对听者有意义、有帮助，否则尽量少说为妙。谈话时还要善于融入别人的话题，也要善于提出自己擅长的话题。这样才能把谈话引向深入，让双方都觉得愉快。

谈吐表情要诚挚专一。真诚的态度能唤起人们的信任，加深了解，增进交流。装腔作势、夸夸其谈、外交辞令都会使人生厌，从而可能使你失去与对方交往的机会。一个很好的职场形象，目光应该是坦然的、亲切的、有神的。同时，积极与对方互动，把自己的感受通过点头、微笑、手势、神情、体态等方式随时表露出来，使谈话更生动。

语音、语调平稳柔和。一般而言，语音语调以温和为宜。同时还要注意在遣词造句上，应少用"否定句"，多用"肯定句"；在用词上，要注意感情色彩，多用褒义词、中性词，少用贬义词；在语气语调上，要亲切柔和，诚恳友善，不要以教训人的口吻谈话或摆出盛气凌人的架势。在交谈中，要眼神交汇，带着真诚的微笑，从而增加感染力。

要掌握分寸。在人际交往中，哪些话该说，哪些话不该说，哪些话怎样说才更符合人际交往的目的，这是交谈礼仪应注意的问题。一般来说，善意的、诚恳的、赞许的、礼貌的、谦让的话应该说，且应该多说，恶意的、虚伪的、贬斥的、无礼的、强迫的话语不应该说，因为这样的话语只会造成冲突，破坏关系，伤及感情。有些话虽然出自好意，但措辞用语不当，方式方法不妥，好话也可能引出坏的效果。所以语言交际必须对说的话进行有效的控制，掌握说话的分寸，才能获得更好的效果。

五、交谈中的禁忌

与人交谈时，要想树立好自己的形象，拓展人脉，赢得更好的人缘，除了要掌握一些必要的交谈技巧，还应注意交谈中的禁忌，避免出错而造成不愉快。下面是要注意的几方面：

1. 忌居高临下。无论你的身份、地位有多高，学识有多渊博，专业技

图4-2 丹丹引导式交谈示范图

能有多强，在交谈时都应该放下架子，平等地与人沟通，切不可有"高高在上"的感觉。要知道，在现实生活中身居高位，依然谦恭待人，更能赢得他人的敬重。

2. 忌自我炫耀。与人交谈时，尤其是众人在一起交谈时，不要一味自夸炫耀自己的长处及以往工作中取得的成绩，更不要或明或暗、拐弯抹角地吹嘘自己，这样会使人反感。

3. 忌心不在焉。与人交谈时不要左顾右盼，尤其在听别人说话时。态度要端正，精神要集中，神情要专注，如果神情木然，无动于衷，不知在想什么事情，会让人觉得扫兴。

4．忌口若悬河。说话时不要信口开河，特别是当他人对自己的谈话内容不甚理解或是不感兴趣时，不要不顾及别人的情绪，滔滔不绝地说个不停。

5．忌不良动作。交谈时不要指指点点、挤眉弄眼或挖鼻掏耳等，给人以缺乏修养或轻浮的印象。

6．忌挖苦嘲弄。与人交谈时，尽量不要采用挖苦嘲弄的话语，尤其在人多的场合，这会让人觉得你涵养不够、格调不高。

7．忌言不由衷。当谈话的意见不一致时，不要不情愿地附和他人，也不要胡乱赞赏、恭维别人，否则别人会觉得你不真诚。

8．忌故弄玄虚。对于习以为常或是他人急于了解的事情，不要故弄玄虚，让人捉摸不透，那是很让人反感的。

9．忌冷暖不均。当几个人一起交谈时，不要只跟一个人或一小部分人交谈而忽视另一部分人。更不要按他人的身份、地位来区别对待。照顾不周的交谈是会令人不愉快的。

10．忌短话长谈。几句话就能表达清楚的事情，不要长篇大论，更不要没事挖掘鸡毛蒜皮的小事海侃，浪费大家的时间。

第一章　学习礼仪
从对自身的认识开始

5. 走神的听众很无语

"老师，前两天在工作中我发现一个现象，在交流的时候，如果一方不专心听另一方说话，会使交流的过程很困难，也让人感觉很不舒服。"

"哦？"老师放下手中的茶杯，注意到丹丹的说话。

"是这样的，昨天我们进行项目讨论会。开始的时候，大家六个人一起思维碰撞，状态热烈而投入，效率进展很快。可是没过多久，大家发现讨论的连贯性经常被打断——飞飞总是在走神，别人说什么她没用心听。比如当别人说到了关键点时，飞飞常常会慢悠悠地打断：'哎，哎，不好意思，刚才走神了，麻烦再说一遍！'没办法，我们在座的又陪她听了一遍。到后来她更是过分，几次核对数据时她总是要别人提醒才接得上。感觉别人在说话时她压根儿没在听，大家都很无语。"

"嗯。"老师轻轻点头，眼睛微微闭上，试着在脑海中构建当时的情形。

"还有，"丹丹接着说，"我在说项目路径要点的时候，另外几个伙伴很专注在听，在小本子上记录要点，她突然打断我，叽里呱啦地把她的想法说了一通，弄得小伙伴又要求我重新讲一遍，好烦的。后来，其他人说的时候她也这样。虽然我们都知道飞飞可能是太投入了，也知道她不是故意的。但是你说她怎么能这样不认真听别人说话，还总是随便打断别人，让人有点不舒服。老师，这在礼仪知识中怎么解释啊？"

"还是先再来了解一下礼仪知识点。"说到这里，老师停顿了一下，"在社交礼仪的人际关系一般结构中，其中一种要素是：有两个或两个以上的人才具备完整的社交环境。也就是说，一个人对着镜子里面自己的影像说你好并不是社交礼仪行为。"老师做了个形象的比喻，给丹丹留出思考的空间。

丹丹琢磨着老师的话，点了点头说："对呀，一个说一个听，才能产生心理和行为上的互动，确实与一个人喃喃自语的情景不一样。"

"说者将交流的内容用声音做载体通过空气传播到听者的耳朵，而听者在表达接收到言语信息时，该怎么表达对信息的认知、理解、赞同呢？"老师继续耐心地引导。

"应该有回应，应该将感受回应出来，才能有更好的沟通效果……哦，这样分析我就知道飞飞原来出错在哪儿了。飞飞没有认真倾听别人的说话，因而接收不到别人传递的信息，进而有效地对信息进行回应。这样的方式在社交环境中确实不礼貌，以后我自己也会注意。"

"好的。"老师接着说，"在倾听礼仪上，听者为主体。所以听者要自主选择回礼方式，通常行注目礼表示关注，行点头示意礼表示认同，说话回应表示理解和分享。然而，用心听，思维行动跟着说者的速度进行，这才是重要的一点。"

"老师，我听明白了。"丹丹恭敬地对老师说道。

【仪礼综观】——"听"

倾听是良好的社交行为。因为，要想有效地解决问题和做出决定，有一个前提就是尽量获取所有相关的信息。掌握良好的倾听技巧，有助于你从对方那里获取完整、有效的信息。你的专心倾听通常会使对方更愿意继续讲下去，把知道的信息全部告诉你，当你得到的信息越完整，也更容易做出正确的决定。用倾听鼓励对方，让对方充分地阐述，他多少会放下一些戒备。当对方发现你诚恳自然地听他说话，反过来也专心听你说话。因此，你的专心

第一章　学习礼仪
从对自身的认识开始

倾听会连带使对方也成为好的听者，也是促成和对方的合作，得到有效倾听的有益结果。

一、有效倾听的结果

1．有效的倾听通常能够增进彼此之间的关系。这能让说话者有机会说明事实、表达想法，而你专心倾听就能够更了解对方，对方会感激你表现出来的专注与兴趣，彼此的友谊也会更深厚。

2．当双方能够互相倾听时，也更容易化解分歧与问题。这并不表示你就得同意对方的观点，你只要能够理解对方的立场就够了。每个人都希望被理解，而表示理解最好的做法就是倾听。倾听也有助于对方更清楚地看到自己的问题，因为通常我们自己开口说明一个问题后，也更容易看到解决的办法。

图5-1 丹丹倾听示范图　　　　　图5-2 丹丹倾听示范图

041

3. 仔细倾听有助于你了解对方的想法，理解他觉得什么重要，理解为什么他现在会说这些话，从而更了解对方。即使是在不太认同对方的情况下，也能较容易地与对方相处和共事。

二、倾听的技巧

良好的倾听，关键是要掌握好听的技巧：

1. 倾听是一种主动的技巧，需要实施者付出积极努力。在沟通的双向过程中，应该多思考对方要说什么，少想着自己要说什么。

2. 维持注意力、增加警觉性和理解力。在倾听之前让自己有个清晰的思路和准备。能够在反应上跟上交谈对象的速度，并适时回应。

3. 学会感兴趣。在倾听过程中找出信息中与你的个人、工作或兴趣有关的地方。任何信息在任何时间都可能对你具有不同的意义。表现出感兴趣的样子对于愉快的交谈非常重要。换位思考，人们通常只会对自己感兴趣的人感兴趣。

4. 心胸开阔意味着不去在意说话者的外表和表达方式。不要因为不喜欢对方的外表，就一味排斥对方的想法，那样可能会把"不合意"的信息排斥掉。因为人们存在信念、态度、理念和价值上认知的差异，在接纳相抵触的信息时会感觉到被威胁或侮辱。这时，不要立刻选择排斥。心胸宽广地面对，更容易控制因为情绪带来的影响。

5. 听出重点。倾听能力较弱的人通常只会选择性地听事件的部分内容，这样往往会错失关键的部分。一名善于"听"的听者会善于去区分事实与原则、理念与例子、证据与理由。听出重点的能力，取决于对信息结构、过渡语言与重复部分解读的能力。

6. 在听的过程中可对说话者提出假设与说明理由。带着中立而批判的态度，可仔细衡量各种证据的价值与主题背后的逻辑基础，并得出有效的理论依据。

第一章　学习礼仪
从对自身的认识开始

图5-3　丹丹倾听示范图

7．人的注意力是会不断变动起伏的，所以在倾听的过程中要避免分心。维持倾听的注意力，随着谈话内容的进展进行调整。不要分心去注意说话者的服装、外貌、用词、表达方式及各种视觉、口语、书画辅助工具等，更不要让其他听众分散你的注意力。也许周围的人不能做到一名良好的听者，但是你可以以身示范，去成为一名好的听者。

8．做笔记很重要。把重点和特别的例子简单地记录下来，事后不容易忘记。不过，做笔记也可能会让你分心，所以这方面可以弹性处理，不妨先专心听完，之后再做笔记。

9. 表现出感兴趣的样子对说话者就是一种帮助。不过在对话过程中，我们还可以用其他的方式鼓励说话者。用非常简短的回答或动作回应，让说话者感觉到你的确在专心听，而且对此话题有兴趣，希望他继续说下去。这些反应通常在说话者停顿时出现，但是都应安静而简短，以避免打断说话者的思路。

综述：

　　有效倾听的建议往往是鼓励对方表达真实思想，从而在这个过程中得到有效信息，进而增进彼此关系的融合度，达到理解对方，携手共同解决问题的良好局面。

听的礼仪视频链接

第二章

学习礼仪
学会对规则进行研读

丹丹通过努力，在应聘和岗前培训等环节的激烈竞争中脱颖而出，成为了这家科技型龙头企业中的新鲜血液。这家企业充满活力，鼓励技术创新，对员工素质的要求很高。在这一过程中，丹丹除了有过硬的专业技能外，在自身的礼仪行为上，通过学习，通过自律，也给用人单位留下了很好的印象。进入公司岗位，丹丹迅速投入实际工作中。丹丹发现在工作中，常见常用的礼仪行为使用起来很频繁、很广泛，在不同的情景下有时使用的方式或者顺序还不尽相同。这让她深深感觉到学习礼仪知识的紧迫性。于是丹丹利用周末拜访老师，希望得到老师更多礼仪知识上的指导。

在这一时期，丹丹作为职场新人开展工作。老师的指导重点放在丹丹对通用礼仪规则的研读上，分解训练敬礼、鼓掌礼、鞠躬礼、握手礼、拥抱礼及国际通用常见礼仪。针对丹丹的工作环境变化，深入分析礼仪的方式及行为，给出优化的学习方案。

6. 违反规则的敬礼

"老师，老师，我有个问题要请教你！"丹丹恭敬地问老师。

"问吧。"老师和蔼地说。

"前些天，公司请了军事教官对新入职的员工进行军训。那军事教官很帅很酷的，大家练得可带劲了！"丹丹像追星的小女生一样崇拜地说，"军事教官每天中午带着我们身穿迷彩服在公司篮球场训练，要求非常严格。那天中午，我穿好迷彩军服，右手抱着一大堆文件资料，想顺便放好资料再去集合军训，没想到在路上遇见了军事教官！慌乱之间，我用左手向军事教官敬礼，谁知道，军事教官很严肃地要求我换右手敬军礼！老师，我想问问，左手能不能敬礼？为什么？"

老师微微一笑："首先我们要清楚人类在社会活动为什么要敬礼，敬礼的主要方式是什么？"

"嗯，敬礼主要是对受礼的象征物、事件、人物，表示肃穆与尊敬。像这样……"丹丹边说边调皮地做着各种各样敬礼的姿势。

"停，保持这个姿态。"当丹丹做到美国军礼时，老师示意丹丹停下，"请记住你手指的位置，现在换解放军军礼。"

丹丹依言换了解放军军礼，心里琢磨着老师的话，突然间，丹丹仿佛恍然大悟，像孩子揭开谜底似的大声说："老师，我发现了！几乎所有的敬礼，手指的位置都高于眼眉！"

老师并没有马上表扬丹丹，只是笑了一下，又问："为什么？"

"呃……不知道。"丹丹老实地回答。

"这也是与人类礼仪文明的进化有关。"老师细致地讲解道,"早期的礼仪仪式主要存在于邦交及交战双方的社会活动中。后来,随着礼仪文明的发展,敬礼演变成一种表示尊敬的肃穆形式。这种具体形式是摊开手掌示意没有把持武器。而将手置于高过眉额的位置,传递的信息就是对对方很信任,无须防护头颅。同时,另一层意思是也请对方信任自己,施礼者用头颅来担保不伤害对方。因此,敬礼这一行为是一个很严肃的代表庄重承诺的表达。在人们的共识中,敬礼寓意为愿用生命信守诺言!随着人类文明的进步,敬礼逐步把受礼对象演化为代表国家、代表部队的象征物,形成了在部队建制中、上下级问候中、与对等机构交往中问候的礼仪。所以,敬礼是有特定对象和特定系统的。"

丹丹若有所思地点点头:"老师,如果说敬礼的初始成因是展示没有武器,展示信任与尊重,那么,从人类行为的特定惯性来看,运用武器多使用右手为主,左手敬礼确实不合理。"

"是的,礼仪行为的实施应该是礼仪各方认可并共同遵守的共识。左手敬礼违背了敬礼这一礼仪动作的核心目的,这在全世界文明社会中都是不存在的,所谓的左手敬礼是谬论,是不存在的。人们有时候对礼仪动作的形态认识不足,会把挥动幅度较小的挥手礼也当作敬礼,以致产生误读。实际上,这二者的差别还是很大的:挥手礼的对象是泛指,一般距离较远或者同时有多个对象,可左右手单独或同时行礼。而敬礼必须有特定对象,必须伴随注目礼,同时只能用右手行礼!"

"谢谢老师,我明白了,向你敬礼!"丹丹迅速站起来立正,"啪"地抬起右手,英姿飒爽地向老师敬了个军礼。

"不错!"老师看着丹丹的敬礼姿态表扬道,接着一边讲要领一边更细致地纠正丹丹的动作,"中国人民解放军军礼在敬礼时身体要呈立正姿态,挺胸、抬头、收腹。右手取捷径从胸前抬起,右臂与肩同高,前臂、手掌呈一条直线，五指并拢，掌心稍向外翻（30°）。戴帽时，右手中指贴于帽檐外两公分处。不戴帽敬礼时，中指微贴太阳穴。"

丹丹一边听着老师的讲解，一边保持着标准敬礼的姿态，感受着坚定和自信的气势，内心充满了自豪。

老师赞许地点了点头，拿出一本手册，对丹丹说："来，大声地念出来！"丹丹挺直胸膛，声音洪亮地念了起来：

军人敬礼分为举手礼、注目礼和举枪礼。着军服戴军帽或者不戴军帽，通常行举手礼。携带武器装备不便行举手礼时，可以行注目礼。举枪礼仅限于执行阅兵和仪仗任务使用。

军人之间通常称职务，或者姓加职务，或者职务加同志。首长和上级对部属和下级以及同级间的称呼，可以称姓名或者姓名加同志；下级对上级，可以称首长或者首长加同志；在公共场所和不知道对方职务时，可以称军衔加同志或者同志。

军人听到首长和上级呼唤自己时，应当立即答"到"。回答首长问话时，应当自行立正。领受首长口述命令、指示后，应当回答"是"。

军人在下列时机和场合的礼节：

1. 每日第一次遇见首长或者上级时，应当敬礼，首长、上级应当还礼。

2. 军人进见首长时，在进入首长室内前，应当喊"报告"或者敲门，等到允许后方可以进入并向首长敬礼；进入同级或者其他人员室内前，应当敲门，经允许后方可以进入。

3. 同级因事接触时通常互相敬礼。

4. 在室内，首长或者上级来到时，应当自行起立。

5. 营门卫兵对出入营门的分队、首长和上级应当敬礼，分队带队指挥员、首长和上级应当还礼。

6. 卫兵交接班时，应当互相敬礼。

7. 军人受上级首长接见时，应当向首长敬礼，问候"首长好"。

8．上级首长到下级单位检查工作离开时，送行人员应当敬礼。

军人不敬礼的时机和场合：

1．在实验室、机房、厨房、病房、诊室等处工作时。

2．正在操作武器装备和位于射击、驾驶位置时。

3．进行文体活动和体力劳动时。

4．乘坐公共交通工具时。

5．在浴室、理发室、餐厅、商店时。

6．着便服时。

7．其他不便于敬礼的时机和场合。

分队在下列时机和场合的礼节：

1．分队在行进间相遇，由带队指挥员相互敬礼；遇见首长和上级，由带队指挥员敬礼。

2．分队在停止间，当上级首长来到时，带队指挥员向分队发出"立正"口令，而后向首长敬礼和报告；当上级首长两人以上到场时，应当向职务最高的首长敬礼和报告；当职务相当的首长先有一人在场，对后到的首长只由本分队在场职务最高者向其敬礼和报告。

3．未列队的分队，不论在室内室外，当上级首长来到时，由在场职务最高者或者先见者发出"立正"口令（当人员处于坐姿时，应当先发出"起立"口令），并由在场职务最高者向首长敬礼和报告。

分队在下列不便于敬礼并报告的时机和场合遇到首长时，只由在场职务最高者向首长敬礼：

1．在就餐、文化活动和体力劳动时。

2．在演习、实弹射击中和行军休息时。

3．在修理间、停机坪（机库）、船坞（码头）、车场、炮场、机械场等处进行作业时。

4．其他不便于敬礼并报告的时机和场合。

第二章　学习礼仪
学会对规则进行研读

图6-1　丹丹军礼预备式图　　　　　图6-2　丹丹敬军礼示范图

老师赞许地听着，一边鼓掌以资鼓励一边说道："你现在正在从学生阶段步入职场，掌握具体的行为礼仪很重要，有必要好好学习各种常见的见面礼仪。今天，我们先认识一些非接触式的见面礼仪。"

"好。"丹丹安静地坐下，用充满求知的眼神注视着老师。

051

一、常见的见面礼仪

1. 点头示意礼，又称额首礼。它所适用的情况主要有：路遇熟人，在会场、剧院、歌厅、舞厅等不宜与人交谈之处，在同一场合碰上已多次见面者，遇上多人又无法一一问候之时。行点头礼时，一般应不戴帽子。具体做法是头部向下轻轻一点，同时面带笑容，不宜反复点头不止，也不必点头的幅度过大。

2. 挥手礼。行挥手礼的场合，与点头礼的场合大致相同，它最适合向距离较远的熟人打招呼。行挥手礼的正确做法是右臂向前方伸直，右手掌心向着对方，其他四指并拢、拇指叉开，轻轻向左右摆动一两下。不要将手上下摆动，也不要在手部摆动时用手背朝向对方。

3. 注目礼。具体做法是：起身立正，抬头挺胸，双手自然下垂或贴放于身体两侧，面容庄重严肃，双目正视于被行礼对象，或随之缓缓移动。在升国旗、游行检阅、剪彩揭幕、开业挂牌等情况下，应行注目礼。

4. 拱手礼。拱手礼是我国民间传统的会面礼，适合的情况主要包括：过年时举行团拜活动，向长辈祝寿，向友人恭贺结婚、生子、晋升、乔迁，向亲朋好友表示无比感谢，以及与海外华人初次见面时表示久仰大名。拱手礼的行礼方式是起身站立，上身挺直，双手抱拳前身，由内侧而外侧，有节奏地晃动两三下。

5. 合十礼，又称合掌礼。具体做法是：双掌十指在胸前相对合，五指手指并拢向上，掌尖与鼻尖基本持平，手掌向外侧倾斜，双腿立直站立，上身微欠低头。一般来说，行此礼时合十的双手举地越高，越体现出对对方的尊重，但原则上不可高于额头。在东南亚、南亚等信奉佛教的国家以及我国的傣族聚居区，合十礼最为通用。

6. 吻面礼，西方国家常用的一种会面礼。有时，它会与拥抱礼同时采用，即双方在会面时既拥抱，又亲吻面部。行吻面礼时，通常以自己的唇部接触对方的面部。在行礼时，双方关系不同，亲吻的部位也会有所不同。长辈吻晚辈时，应当吻额头。晚辈吻长辈时，应当吻下颌或面颊。同辈之间，同性应当贴面颊，异性则应当吻面颊。

二、见面礼的要点与禁忌

1. 保持尊重。行礼过程中忌讳分神、开小差、做小动作。
2. 讲究秩序。行礼过程中忌讳破坏规则，产生混乱。
3. 热情适度。行礼过程中忌讳过分热情或过分冷淡，让人无所适从。
4. 以礼还礼。行礼过程中忌讳不还礼或不对应还礼。
5. 入乡随俗。行礼过程中忌讳冒犯当地民俗，产生误解。
6. 尊卑分明。行礼过程忌讳不分尊卑，失去礼节。

图6-3 如如点头礼示范图　　**图6-4 如如指引礼示范图**

丹丹学礼仪

图6-5 如如立式合十礼示范图

图6-6 如如跪式合十礼示范图

合十礼礼仪视频链接

敬礼礼仪视频链接

挥手礼礼仪视频链接

跪礼礼仪视频链接

指引礼礼仪视频链接

7. 不合时宜的鼓掌

"老师，今天公司领导来看望和鼓励我们这些新入职的大学生，但是，有个男生特逗，出洋相了。"说到这儿，丹丹笑了起来。

"哦？"老师放下手中的笔，饶有兴趣地看着丹丹。

"今天，先是王总讲话。在讲话过程中，王总为我们描绘了公司的蓝图，也对我们寄予厚望。关键是王总的演讲声情并茂、幽默风趣，极具感染力，说到精彩处，大家情不自禁地报以热烈的掌声。只是那男生特激动，边鼓掌边欢呼，还不时地挥动手臂。好几次大家都停下了，他还在大力鼓掌，全场人都在看他，弄得王总继续说也不是，不说也不是。后来，旁边的同事提醒了他一下，他又矫枉过正：当王总最后结束寄语，大家又一次响起了热烈的掌声时，他却只是轻轻地点拍……大家看到王总在退场时瞥了他一眼，轻轻皱了一下眉头。老师，这鼓掌礼当中有着怎样的学问呢？"

老师问："丹丹，你有没有想过，为什么王总讲完话大家要鼓掌？"

丹丹侧头想了想："王总说的话大家很认同，感到很振奋，所以给予热烈的掌声。"

"那么为什么鼓掌这个动作可以代表这个情绪？"

丹丹怔了一下，摇摇头："不知道，是本能吧。"

"本能，嗯，这个词挺有意思的。"老师顿了顿接着说，"所有的礼仪行为都是有对象、有回应、有目的的。王总的演讲很精彩，作为听众的你们很激动，激动了心跳就比平时的速度快，而此刻作为听众的人群，最好的表达方式就是用比心跳快的速度、有节奏的鼓掌声音告诉演讲者：我听到了，我很认同，我很振奋，听，这掌声就是我心情激动跳跃的声音。"

丹丹似乎明白了一些："哦，掌声代表心声，有响亮的掌声和稀稀拉拉的掌声让人的感受确实相差很大。"

老师又问："那节奏紊乱的掌声，问题出现在哪里呢？"

"这个我知道。"丹丹调皮地拍了一下掌，"紊乱的掌声干扰了集体实施鼓掌礼的节奏，不符合集体礼仪行为表达的和谐基本要素。"

"好。"老师赞许地点点头，继续说，"鼓掌是表达情绪的肌体语言，是内心激动、兴奋情绪的外部表现，鼓掌代表着礼貌、赞扬、认可、尊重或是鼓励，可鼓励人奋进。它代替了语言去表达这些情感，又在表达上比语言更加有力。所以，鼓掌宜自然，要热烈。注意不要忘形，注意避免让人有'喝倒彩''鼓倒掌'的感受。"

丹丹若有所思地点了点头，想着老师的话。

老师又做了进一步补充："为别人鼓掌，不是刻意抬高别人、贬低自己，更不是吹牛拍马、阿谀奉承。当你掌握好鼓掌礼的要领，并学会恰当表达时，鼓掌礼这一社会活动中常用的文明礼仪便会为你良好的行为修养形象加分。"

"老师，你说得太棒了！"丹丹欢笑着鼓起掌来。

【仪礼综观】——"鼓掌礼"

鼓掌礼：一种社交礼节，两臂相拱，左右手掌呈叩击状以固定的节奏频率轻击的礼仪动作。鼓掌是一种礼貌，也是一种道德风尚，我们要分清不同场合鼓掌礼仪的不同。鼓掌时应当恰到好处，得体地表达对他人的欢迎、欢送、感谢、称赞、祝贺、鼓励等。

第二章　学习礼仪
学会对规则进行研读

图7-1　丹丹正向鼓掌示范图　　　　　图7-2　丹丹侧向鼓掌示范图

　　鼓掌时的标准动作是：面带微笑，抬起两臂，抬起左手手掌至胸前，掌心向上，以右手除拇指外的其他四指轻拍左手中部。此时，节奏要平稳，频率要一致。至于掌声大小，则应与现场气氛协调一致。

一、鼓掌礼可分公务会议、体育比赛和演出活动等场合

1. 公务会议鼓掌礼

公务会议鼓掌礼仪主要介绍公务人员在参加会议时，欢迎、祝贺鼓掌的礼仪规范和要求。公务人员在开会时，要根据情况不同进行鼓掌，控制掌声的大小和节奏，灵活地运用鼓掌礼。

政务会议中，鼓掌时机的把握尤其重要。在该鼓掌的时候鼓掌，不该鼓掌的时候就不用鼓掌。一旦乱鼓掌，不仅是不礼貌的，还会有"喝倒彩"、"拆台子"的嫌疑。

该鼓掌的时候具体是指当欢迎参会嘉宾或者是领导讲话的时候、讲话中精彩之处、领导讲话结束的时候，以及同事获得奖励的时候进行鼓掌祝贺。但是在不该鼓掌的时候就不要鼓掌，比如在有人受到批评的时候，不要对他

图7-3 丹丹与梦梦集体鼓掌示范图　　　　图7-4 丹丹与梦梦相互鼓掌示范图

人"鼓倒掌",即不要以掌声讽刺、嘲弄别人,也不要在鼓掌时伴以吼叫、吹口哨、跺脚、起哄,这些做法会破坏鼓掌的本来意义。同时,会议中也要注意鼓掌的场合和对象,即在鼓掌的时候要根据场合和对象决定鼓掌还是不鼓掌。

2．体育比赛鼓掌礼

球类比赛

足球、篮球等球类比赛一般具有现场感、对抗性、冲击性等特点,现场球迷们往往在观看过程中情绪起伏较大。比赛正式开始前,球队入场的时候观众要为双方球员鼓掌,营造开场氛围,期间球迷可以穿着与自己喜爱球队相同颜色的球衣,比赛进行中场球迷们可以采取敲锣打鼓、有节奏鼓掌、摇摆旗帜等方式喝彩助威,但也要稍加注意控制现场情绪。

击剑、体操类

和足球等球类项目不同,此类比赛对运动员来说考验的是心理状态,良好的比赛环境有助于运动员专心地投入比赛,观看比赛的观众尤其要注意适时控制现场音量,避免让运动员因现场干扰影响注意力,进而导致发挥失常。

因此,击剑、体操类的赛场需要观众克制情绪,保持安静,当主裁判宣布比赛正式开始时,现场观众就必须安静下来。当运动员在赛场上做出了精彩的技击或躲闪时,观众应该在主裁判喊"停"后再喝彩欢呼;当运动员完成了一组非常漂亮的动作,如两个动作间的精彩连接、男子单杠中的飞行动作、艺术体操中开始和结束的两串动作以及吊环中一些的支撑动作等,观众都可鼓掌喝彩。另一种情况是运动员动作失败,掉下器械,但仍然坚持继续比赛,这时观众应该为运动员的坚强意志和顽强的精神报以热烈的掌声。

3．演出鼓掌礼

音乐会、交响会等演出的鼓掌方式有其特定的要求和讲究。一般在演出正式开场前10分钟,观众要全部入场坐好,并且按照规定关闭手机等一切通信设备，不要交头接耳，尽量保持安静，演出中途不能离席或退场，一般需要等一个乐章演奏完毕再离席或退场，否则会影响整个演出厅的表演效果。

　　观看演出者往往要对演出者的现场表演做出评价，为了表示对演出者的欣赏或感谢，观众常致以鼓掌礼仪。一般而言，欣赏音乐作品时不宜在乐章之间鼓掌，因为对篇幅较长的作品而言，一个段落的结束只表明情绪或速度的变换，并不是完全的停止，所以要根据音乐会节奏恰当地予以致谢或称赞。如果拿不准何时鼓掌，就观察其他听众，可跟随他们的反应鼓掌。

　　全部作品结束时要鼓掌，这是观看者给出的最后评价，也恰恰体现听者欣赏的能力和水平。对演奏者而言，有可能因热烈的掌声而返场并加演曲目。如果掌声停止仍然继续鼓掌，出现稀稀拉拉的掌声，则表示观众在"喝倒彩"，基本可以看成是对演奏的不满意。

　　此外，我们也会经常进出剧院、电影院等公共场合。在欣赏影片、话剧表演等时也要注意鼓掌的时机。在观看这类演出时，尽量中途不鼓掌，需要一个完整安静的舞台空间，此时一旦有掌声，会严重破坏现场氛围，也会给其他观众带来干扰。在演出告一段落或影片结束后，可适当地鼓掌致谢。

图7-5 丹丹接受鼓掌示范图

第二章　学习礼仪
学会对规则进行研读

图7-6 丹丹接受鼓掌示范图

鼓掌礼仪视频链接

061

8. 令人捧腹的鞠躬

"老师，老师！"门外传来丹丹银铃般开心的声音。

"怎么这么开心呀？"老师看着青春焕发的丹丹，愉快地笑着。

"昨天项目获得了客户的认可，设计部与市场部的同事高兴地一起庆祝！在互相致谢时，市场部的刘经理刘师兄，向比他小得多的设计师飞飞深深鞠了个90°大躬，把大家伙都笑翻了……"

老师笑着说："那你有没有想过大家为什么会哄堂大笑呀？"

丹丹愣了一下，喃喃地说："这，这我可没想过。"

"这里面也是有很深的学问的。"老师接着说，"礼仪文明的进化是随着人类文明进化同步成长的。在冷兵器时代，战胜方往往以取战败方首级为荣。这一点，在东西方文明进化史中惊人地相似。正因为如此，在平等的社交活动中强迫对方低头，是一种极大的侮辱。"

"这让我想起了那样的画面。"丹丹调皮地站起来，抬高头，模仿着戏剧中的情节："王子咬紧牙关，拒绝低下他高傲的头颅……"

老师见此情景也禁不住笑，他挥了挥手示意丹丹坐下："这鞠躬礼与其他礼节略有不同，是施礼者主动施礼的形式，施礼的幅度意味着对施礼事件和受礼人恰当的尊重和必要的态度。"

"我查了礼仪工具书上关于鞠躬礼仪的注解。主要有15°～25°、45°～60°、90°鞠躬这三种形式。"丹丹专注地听着，并补充说。

"很好，丹丹，你来说说这几种形式的主要区别在哪儿。"老师说。

丹丹想了想，调皮地说："老师，我能不能用大白话来回答？"

老师看了丹丹一眼，饶有兴趣地鼓励丹丹："说吧。"

"咳咳，"丹丹站了起来，故作一本正经地边做鞠躬礼边说，"15°~25°鞠躬礼——朋友们这厢有礼了。45°~60°鞠躬礼——老大，你来了，在下真是受宠若惊呀！90°鞠躬礼——我错了，认打认罚由你。跪叩礼——我输了，我的命是你的了！"

"跪叩礼不算！"老师被丹丹逗笑了："不过，这跪地叩首礼确是鞠躬礼演化后的极端形式。社会礼仪文明发展到今天，跪叩礼的实施很少，很特殊。刚才你虽然调皮，但也有些道理。可依据是什么你知道吗？"

丹丹回答："从人体姿态来看，鞠躬幅度愈大，对头颅后项的保护愈少，如果面对的是敌人，那危险会更大。这从另一个侧面说明了行鞠躬礼的人和接受鞠躬礼的对象之间存在着某些对等或者不对等的社会关系。"

"你能从这个角度来思考鞠躬礼令我很高兴！"老师补充说道，"一般来说，在鞠躬礼仪通识的认知上，90°鞠躬是人们对天地、英烈、亡灵的祭拜；是晚辈对宗族尊老，年轻人对学术泰斗的恭敬；是为自己不可饶恕过错的致歉，在舞台上行90°鞠躬还有献身艺术，表达愿以生命感恩之意。所以，90°鞠躬要慎用。"

丹丹若有所悟："原来鞠躬礼主要是表达对受礼对象敬重的一种郑重的礼节。鞠躬的角度不同，意义也不同啊！"

【仪礼综观】——"鞠躬礼"

鞠躬礼：鞠躬，意即弯身行礼，是对他人敬佩的一种礼节方式。鞠躬前双眼礼貌地注视对方，以表尊重的诚意。鞠躬时必须立正、脱帽，躬身行礼。

丹丹学礼仪

鞠躬是向他人表示尊敬的一种无声语言，但很多人并未很好地掌握鞠躬礼。比如有些人鞠躬时下颌往前突出，脸部往前倾，如果此时脚和腰用力过度，就可能破坏整个身体的平衡感。有些人只是头部在动，背部不往前倾斜，也就不是真正意义上的鞠躬。

一、各类鞠躬礼仪的基本要点

鞠躬礼首先的必要条件是要站着，两脚并拢站着，两手放于体侧，头部似有一根绳子拉着的感觉，背部伸直，同时眼睛要看着对方，头往前倾的时候背也要同时向前倾，头、头颈与背部应该在一条斜线上，从腰部开始慢慢地向前弯曲，鞠躬完成后回到原有站立姿势，鞠躬时切勿太用力，慢下慢抬。由于空间的限制，偶尔也会坐着鞠躬，此时要把背伸直，然后整个上身往前倾，手放在膝盖之上，双肘可以稍微向外扩张一些，这样看上去不会显得呆板。

图8-1 丹丹正向鞠躬示范图

三鞠躬，又称最敬礼，属于鞠躬礼中最为正式的礼节。其基本动作规范如下：行礼之前应当先脱帽，摘下围巾，身体肃立，目视受礼者。男士的双手自然下垂，贴放于身体两侧裤线处；女士的双手下垂搭放在腹前。身体上部向前下弯约90°，然后恢复原样，如此三次。

深鞠躬的基本动作与三鞠躬相同，区别就在于深鞠躬一般只要鞠躬一次即可，但要求弯腰幅度一定要达到90°，以示特别致意。

图8-2 丹丹侧向90°鞠躬示范图

在一些商务场合，也要行鞠躬礼。行礼时，立正站好，保持身体端正。面向受礼者，距离为两三步远。以腰部为轴，整个肩部向前倾15°以上（极限是60°，具体视行礼者对受礼者的尊敬程度而定），同时伴随着"你好""早上好""欢迎光临"等问候语。此外，朋友初次见面、同志之间、宾主之间、下级对上级及晚辈对长辈等，都可以鞠躬行礼表达对对方的尊敬。

丹丹学礼仪

图8-3 丹丹侧向鞠躬示范图　　　　　图8-4 丹丹侧向60°鞠躬示范图

二、鞠躬礼的正确姿势

1. 行礼者和受礼者互相注目，不得斜视和环视；全角行礼时不可戴帽，如需脱帽，脱帽所用之手应与行礼之边相反，即向左边的人行礼时应用右手脱帽，向右边的人行礼时应用左手脱帽。

2. 行礼者在距受礼者两米左右进行，行礼时，以腰部为轴，头、肩、上身顺势向前倾20°～90°，具体的前倾幅度还可视行礼者对受礼者的尊重程度而定。

3. 双手应在上身前倾时自然下垂放两侧，也可两手交叉相握放在体前，面带微笑，目光下垂，嘴里还可附带问候语。

通常，受礼者应以与行礼者的上身前倾幅度大致相同的鞠躬还礼。

三、鞠躬时应注意的问题

1. 一般情况下，鞠躬要脱帽，戴帽子鞠躬是不礼貌的。可用右手（若右手持物，可用左手）抓住帽前檐中央，如戴高级小礼帽时，应拿帽顶中央前部，将帽取下，手垂下后，用立正姿势，两眼注视受礼者，身体上部前倾约15°，而后恢复原来的姿势。向左边的人行礼，则用右手脱帽，向右边的人行礼，则用左手脱帽。

2. 行鞠躬礼时，男士双手自然下垂，贴放于身体两侧裤线处；女士的双手下垂搭放在腹前。然后上身前倾弯腰，下弯的幅度可根据施礼对象和场合决定鞠躬的度数。上级或长者还礼时可以欠身点头或同时伸出右手，不鞠躬也可以。

3. 鞠躬时，目光应该向下看，表示一种谦恭的态度。不可一面鞠躬一面翻眼看对方，这样的姿态既不雅观，也不礼貌。

4. 行鞠躬礼时务必注意，把手插在衣袋、嘴里吃东西都是极为失礼的行为。

5. 上台领奖时，要先向授奖者鞠躬，以示谢意，再接奖品，然后转身面向全体与会者鞠躬行礼以示敬意。

6. 鞠躬礼毕起身时，双眼还应该有礼貌地注视对方。如果视线转移到别处，即使行了鞠躬礼，也不会让人感到是诚心诚意。

最后，行鞠躬礼的三项礼仪准则可总结为：

一是受鞠躬应还以鞠躬礼。

二是地位较低的人要先鞠躬。

三是地位较低的人鞠躬要相对深一些。

四、行使鞠躬礼的场合

鞠躬礼可用于庄严肃穆的场合，也可用于喜庆欢乐的仪式。可应用于一般的社交场合，也可应用于温馨的家庭环境。如下级向上级、学生向老师、晚辈向长辈行鞠躬礼表示敬意；上台演讲、演员谢幕等。另外，各大商业大厦和饭店宾馆也应用鞠躬礼向宾客表示欢迎和敬意。

图8-5 如如向丹丹鞠躬示范图　　　　图8-6 丹丹回礼如如鞠躬示范图

鞠躬礼仪视频链接

9. 乱了顺序的握手

像往常一样，问候过老师，丹丹便急不可待地向老师请教："老师，这次我哪儿做错了？"

老师微微一笑，示意丹丹说下去。

"前些天，公司安排我和刘总到机场迎接英国财务集团哈利总裁。事前我做了大量的准备工作，也明确回复了对方刘总亲自到机场接机。昨天下午，在机场国际到达厅，我和刘总终于等到了航班的到达。哈利出闸机时，我们一眼就看到了，刘总与我一起迅速迎上前去。因为我更靠近哈利，没多想，我热情地伸出手，用英语说："Nice to meet you!"哈利看看我，又看看我身后的刘总。迟疑了一下，哈利还是礼貌地和我握了一下手，然后马上快步走过去与刘总握手，并愉快地交谈起来……老师，虽然刘总没批评我，可是我知道我出错了，只是不知道错在哪儿。"

老师缓缓开口："别急，我们先就握手这个礼仪行为分析一下。我曾经说过，礼仪行为是有传承性的。那么，握手礼有着什么样的传承含义？"

"这个我可是做了一些准备。"丹丹将身板坐正认真地说，"握手礼与敬礼、挥手礼一样，在社会礼仪文明发展的初期都是用于表示手中没有武器，是表达友善之举。"

"好，在这儿补充个知识点。"老师说，"敬礼适用于下位对上位的从属关系，所以是下级行礼，上级回礼。挥手礼适用于远距离使用，是非接触性的对等行礼，可使用右手行礼或双手行礼，双方可先后行礼，可同时行礼。而握手礼是接触式的对等行礼，但是行礼顺序就显得尤为关键，是上位先行礼……"

"接触式的对等行礼，上位先行礼……"丹丹若有所思地重复着关键词。

"那么，丹丹，在昨天机场的那个环境中，你与刘总谁在身份上更能接近哈利的对等关系呢？"

"当然是刘总了……"丹丹讪讪地说，想想都觉得很不好意思。

"礼仪是人们在社会交往中形成并得到认可的各种行为规范。由于在社交礼仪活动中存在着身份的差异，所以在握手礼这个特定的、常用的、表达接受对等的礼仪行为中，应该是处于上位的行握手礼，处于下位的方可回礼。这是共识，顺序颠倒了可不好。从这样的角度理解握手礼，实践起来就容易多了。"

"嗯，应该是先由刘总向哈利先生行握手礼。我作为下属，要在一旁等候刘总引见，等候哈利先生行握手礼，然后我再回礼。"丹丹回忆着当时的情形说道。

老师点头表示赞同，接着说："握手礼法则的顺序是这样——先尊后卑、先长后幼、先女后男。在公务场合中位尊者的判断依据依次是职位、主宾、年龄、性别、婚否；在社交场合中位尊者的判断依据依次是主宾、年龄、性别、婚否。在法则的执行实践中，后面的法则遵从前面的法则。"

"嗯，老师，我明白……"丹丹的目光多了几分沉着，尊敬地对老师说。

【仪礼综观】——"握手礼"

握手礼是相见礼节的一种。人们在会面时常用这种伸手相握的礼节作为适当的方式向交往对象行礼，以示自己对对方的尊重、友好、关心与敬意。握手礼这种见面时常用的礼仪，是人们会面时约定俗成互行的礼仪方式之一。学习握手礼，应掌握行礼的时机、伸手的次序、相握的方式、握手的禁忌等各方面礼仪要点。

一、握手礼的要点

握手的标准方式是：行礼时行至距握手对象约一米处，双腿立正，上身略向前倾，伸出右手，四指并拢，拇指张开与对方相握。握手时，应用力适度，上下稍许晃动三四次，随后松开手，恢复原状。

握手时，手的位置至关重要。常见的手位有以下两种：单手相握。以右手单手与人相握，是最常用的相握方式。具体而言，单手与人相握时，手掌垂直于地面则最为适当。它称为"平等式握手"，意在表示自己不卑不亢。与人握手时掌心向上，则表示自己感觉甚佳、自高自大，这一方式叫作"控制式握手"，此种方式是最不可取的。

与人握手时，神态要保持专注、热情、友好、自然。在正常的情况下，与人握手时应面含笑意，目视对方双眼，并且口道问候。自然有礼的神态能够让对方感受到敬意和热情，一开始就打破尴尬，营造轻松舒适的见面氛围。在握手时，切勿显得自己三心二意、敷衍了事、漫不经心、傲慢冷淡。如果在此时迟迟不握他人早已伸出的手，或是一边握手，一边东张西望、目中无人，甚至忙于跟他人打招呼，都是不应该的。这些表现会给对方留下特别糟糕的印象，也有失礼仪之道。

向他人行握手礼时，只要有可能，就应起身站立。除非长辈或女士，坐着与人握手是不适合的。握手之时，双方彼此之间的最佳距离为一米左右，因此握手时双方均应主动地向对方靠拢。若双方距离过大，就会显得像是一方有意讨好或冷落一方。若双方握手时距离过小，手臂难以伸直，也不大好看。握手时最好的做法，是双方将要相握的右手各向侧下方伸出，伸直相握后形成一个直角。

与人握手之时，为了向交往对象表示热情友好，应当稍许用力，大致握力以在两公斤左右为宜。与亲朋故友握手时，所用的力量可以稍微大一些；在与异性以及初相识者握手时，则千万不可用力过猛。总之，在与人握手时，不可以毫不用力，不然就会使对方感到缺乏热忱与朝气。但也不宜矫枉过正，要是在握手时拼命用力，不将对方握得龇牙咧嘴不肯罢休，则难免有示威或挑衅之嫌。

在通常情况下，与他人握手的时间不宜过长或过短。大体来讲，握手的全部时间应控制在三秒钟以内，握上一两下即可。握手时两手稍触即分，则时间太短，给人走过场的感觉，又像是对对方怀有戒心。而与他人握手时间过久，尤其是拉住异性或初次见面者的手长久不放，则有些虚情假意，甚至会有"占便宜"之嫌。

图9-1 丹丹与梦梦正式握手示范图　　　图9-2 丹丹与梦梦休闲握手示范图

双手相握时，将左手握住对方的右手的手背。这种方式适用于亲朋故旧之间，表达自己的深厚情意。一般而言，此种方式的握手不适用于初始者或异性，因为它有可能被理解为讨好或失态。这种握手的方式如果左手除握住对方右手手背外的部位，比如握住对方右手手腕、握住对方右手手臂、按住或拥住对方右肩——这些做法较为亲密，若非至交好友，最好不要滥用。

二、握手行礼的时机和场合

实施握手礼通常取决于交往双方的关系、现场的气氛以及当事人个人的心情等多种因素。因场合的不同，对象身份、职位、角色的各异都有相应的握手礼仪规范，同时握手的时机也应恰到好处，才能准确又有礼地传达感受和敬意。

以下的具体场合，人们往往需要彼此握手：

1．遇到较长时间未曾谋面的熟人，应与其握手，以示双方久别重逢而万分欣喜。

2．在比较正式的场合同相识之人道别，应与之握手，以示自己的惜别之意和希望对方的珍重之心。

3．在家中、办公室以及其他一切以本人作为东道主的社交场合，迎接或送别来访者之时，应与之握手，以示欢迎或欢送。

4．拜访他人之后，在辞行之时，应与对方握手以示"再会"。

5．被介绍给不相识者时，应与之握手，以示自己乐于结识对方，并为此深感荣幸。

6．在社交场合，偶然遇上同事、同学、朋友、邻居、长辈或上司时，应与之握手，以示高兴与问候。

7．他人给予了自己一定的支持、鼓励或帮助时，应与之握手，以示衷心感激。

8．向他人表示恭喜、祝贺之时，如祝贺生日、结婚、生子、晋升、升学、升迁、事业成功或获得荣誉、嘉奖时，应与之握手，以示贺喜之诚意。

9．他人向自己表示恭喜、祝贺之时，应与之握手，以示谢意。

10．向他人表示理解、支持、肯定时，应与之握手，以示真心实意、全心全意。

11．应邀参与社交活动，如宴会、舞会之后，应与主人握手，以示谢意。

12．当重要的社交活动如宴会、舞会、沙龙、生日晚会开始前与结束时，主人应与来宾握手，以示欢迎与道别。

13．得悉他人患病、失恋、失业、降职、遭受其他挫折或其家人过世时，应与之握手，以示慰问。

14．他人向自己赠送礼品或颁发奖品时，应与之握手，以示感谢。

15．向他人赠送礼品或颁发奖品时，应与之握手，以示郑重其事。

图9-3 丹丹与梦梦握手错误示范图　　　　图9-4 丹丹与梦梦握手错误示范图

因种种原因，一些场合中人们不宜同交往对象握手为礼：

1．对方手部负伤或负重。

2．对方手中忙于其他事。

3．对方与自己距离较远。

4．对方所处环境不适合握手。

在这样的情况下就应注意不要行礼，如果此时握手，一方面会显得唐突，另一方面也会让对方处于尴尬境地。

三、握手的次序

在比较正式的场合，行握手礼最重要的礼仪问题是伸手的先后次序。握手的双方应当由谁首先伸出手来"发起"握手是有着相应规则的。如果违反了规则，在与他人握手时轻率地抢先伸出手去而得不到对方的回应，一定是令人非常尴尬的。

根据礼仪规范，握手时双方伸手的先后次序，应当在遵守"尊者决定的原则"的前提下，具体情况具体对待。在两人握手时，各自应首先确定握手双方彼此身份的尊卑，然后再决定伸手的先后。通常应由位尊者首先伸出手来，即尊者先行。位卑者只能在此后予以回应，而决不可贸然抢先伸手，不然就是违反礼仪的举动。

行握手礼时之所以要遵守"尊者决定的原则"，既是为了恰到好处地体现对位尊者的尊重，也是为了维护在握手之后的寒暄应酬中位尊者的自尊。因为握手往往意味着进一步交往的开始，如果位尊者不想与位卑者深交，则他是大可不必伸手与之相握的。

具体而言，握手时双方伸手的先后次序大体包括以下几种情况：

1．年长者与年幼者握手，应由年长者首先伸出手来。

2．长辈与晚辈握手，应由长辈首先伸出手来。

3. 老师与学生握手，应由老师首先伸出手来。

4. 女士与男士握手，应由女士首先伸出手来。

5. 已婚者与未婚者握手，应由已婚者首先伸出手来。

6. 交际场合的先至者与后来者握手，应由先至者首先伸出手来。

7. 上级与下级握手，应由上级首先伸出手来。

8. 职位、身份高者与职位、身份低者握手，应由职位、身份高者首先伸出手来。

一对多握手礼：

若是一个人要与多人握手，则握手时亦应讲究先后次序，由尊而卑，即先年长后幼者，先长辈后晚辈，先老师后学生，先女士后男士，先已婚者后未婚者，先上级后下级，先职位、身份高者后职位、身份低者。

公务场合握手礼：

握手时伸手的先后次序主要取决于双方的具体职位、身份。而在社交、休闲场合，则主要取决于双方的具体年纪、性别、婚否。

在接待来访者时，这一问题往往变得较为特殊一些。当客人抵达时，通常应由主人首先伸出手来与客人相握。

在客人告辞时，则应由客人首先伸出手来与主人相握。前者意在表示"欢迎"，后者则表示"再见"。若这一次序颠倒，则极易让人产生误解。

应当强调的是，上述握手时的先后次序可用以律己，却不必处处苛求于人。如当自己处于尊者之位，而位卑者抢先伸手要来相握时，最得体的做法，还是要积极与之配合，立即伸出自己的手去配合对方。若过分拘泥于礼仪，对其视若不见、置之不理，使其进退两难、当场出丑，则会让对方陷入尴尬失礼的境地。

四、握手的禁忌

在人际交往中，握手礼随处可见。由于握手礼可被用于传递多种信息，因此在行握手礼时应努力做到合乎规范，避免犯下述禁忌：

1．不要用左手与他人握手。右手行握手礼是国际通用的法则。

2．不要在握手时争先恐后。多人或多方交际握手时，应当注意握手秩序，依次而行。

3．不要在握手时戴着手套。只有女士在社交场合戴着薄纱手套与人握手，才是被允许的。

4．不要在握手时戴着墨镜。只有患眼疾或眼部有缺陷者，方可例外。

5．不要在握手时将另一只手插在衣袋里。否则的话，往往会显得自己傲慢无礼。

6．不要在握手时另外一只手依旧拿着东西而不肯放下。例如，仍然拿着香烟、报刊、公文包，等等。

7．不要在握手时面无表情。切勿与人握手时不置一词，好像根本无视对方的存在，而纯粹是为了应付。

8．不要在握手时长篇大论。切勿与人握手时点头哈腰，滥用热情，显得过分客套。过分客套不会令对方受宠若惊，只会让对方不自在、不舒服。

9．不要在握手时仅仅握住对方的指尖。此之谓"捏指尖式握手"，往往显得矫揉造作。正确的做法，是握住对方的整个手掌。即使面对异性，也要这么做。

10．不要在握手时只递给对方一截冷冰冰的手指尖。这种握手方法在国外叫作"死鱼式握手"，被公认为失礼的做法。

11．不要在握手时把对方的手拉过来、推过去，或者上下左右抖个没完。还须谨记，切勿在握手后拉着对方的手长时间不放。

12．不要以肮脏不洁或患有传染性疾病的手与他人相握。那样的话，往往会令对方进退两难。

丹丹学礼仪
DANDAN XUE LIYI

图9-5 丹丹与梦梦握手错误示范图　　　　图9-6 丹丹与梦梦握手错误示范图

握手礼仪视频链接

078

10. 让人尴尬的拥抱

"老师，过度热情的礼仪也会让人难为情啊！"丹丹撇着嘴说。

"哦，怎么啦？"老师疑惑地看着丹丹。

"昨晚，公司在五星级酒店举办全球采购商年会，大家都盛装出席，热情交谈，气氛很活跃……"

"这不挺好的吗？"老师有点不解地问道。

"本来是挺好的。但是年会自助酒会快结束时，商务集团总裁助理，小伙子斯蒂夫喝多了点，特别兴奋，见谁都热情地拥抱。尤其是见着我的女同事，上来一定是一个大大的拥抱。拥抱时还说许多感谢的话，久久不肯松手。参加酒会的女宾客个个都避着他，我也好担心他到我跟前。"说到这儿，丹丹调皮地吐了一下舌头，"老师，拥抱明明是一种热情的常见的礼仪，为什么斯蒂夫的拥抱让我们感到难为情呢？"

"为什么有这种感觉呢？"老师提示道。

"嗯，可能是拥抱礼过于紧密吧。"丹丹说。

老师并没有马上解答，而是假设道："你想一想，在古代的社会活动中，当一个人敞开怀抱，将心脏这一要害部位不加保护地近距离呈现出来时，如果在敌友未明的情况之下会产生什么样的后果？"

丹丹想了想："如果对面是敌人，可能会被偷袭一击致命。如果对面是朋友，朋友会很高兴这样的信任。"

老师肯定地点点头："这就是拥抱礼最初存在的前提条件。一般来说，早期的拥抱礼是在亲密人际关系中实施的。后来，经过社会礼仪文明的进化，逐渐可以存在于朋友之间以及熟悉信任的工作关系之间。在一般的社交礼仪环境中，在没有引荐人的情况下，陌生人之间的随意拥抱是比较少见的。"

"怪不得！那天斯蒂夫见一个抱一个，熟悉他的人还好，那些不认识他的女宾客面对他的热情拥抱真是不知所措啊！个个觉得又尴尬又好笑。"丹丹回想当时的情形，禁不住抿着嘴又笑了起来。

老师也笑了，继续分析："拥抱礼的特点是双方认同，只有在互相接纳的意愿确定后，实施拥抱礼才更为恰当。不过，一般情况下，在社交活动时，接受拥抱礼并以拥抱礼作为回礼的方式是礼节性的做法。斯蒂夫的问题就在过于激动，与社交礼仪的适度原则冲突，与接受拥抱礼的一方自身意愿为主导的前提冲突，于是才会让大家避之唯恐不及，才会在这个社交环境中轻微地失礼了！"

"斯蒂夫是挺失态的。不过，拥抱礼已经很常见了，只要不太过分，拥抱礼还是可以接受的。"丹丹大大方方地说。

"礼仪行为的结果一定会影响到礼仪交往各方的感受。"老师略有些严厉地提醒道，"当你要向别人行拥抱礼之前，你务必了解对方是否有此习俗，并相应做一些准备。有的国家和地区的人，见面时不喜欢拥抱，没有见面拥抱的习惯，觉得拥抱会令人尴尬。这样的情况下，如果鲁莽地想当然地行拥抱礼，你想想看，合适吗？"

"不合适。"丹丹反应很快地应道，并笑着对老师报告，"老师，我知道啦……"

【仪礼综观】——"拥抱礼"

拥抱礼流行于一些欧美国家，多用于官方会见场合，同时也是熟人、朋友之间见面或告别时表达亲密感情的一种礼节。在西方，拥抱礼常伴随亲吻礼同时进行，是与握手同样重要的问候礼仪。此外，拥抱不仅是人们日常交际中的礼节，更是很多国家政府首脑外交场合中的重要礼仪。

　　拥抱礼多行于官方或民间的迎送宾朋或祝贺致谢等场合。在现今许多国家的涉外迎送仪式中一般行此礼。在欧美国家，拥抱礼适用的人群很广泛，不限男女，不限老幼。我国近现代与世界接轨迅速，国际上常见的通用的礼仪行为在实践中使用的范围越来越广泛。同样，人们对拥抱礼的认识与接纳也在逐步增强。但是，受传统习惯的影响，目前的大部分区域与人群对拥抱礼的实施还存在着一些保留。拥抱礼多数流行于同性朋友之间：男士与男士拥抱，女士与女士拥抱。男女之间仅限于恋人或夫妻之间，兄妹都少见此礼。不过，在当今中国经济发达的地区，这样的局限正在变得越来越少。

　　拥抱礼属于关系亲近人群较为常用的礼仪，常常也传达出双方的深切情谊。在欧美一些国家，久别重逢的老朋友拥抱时还进行贴面礼。用右手扶住对方的左背上部，左手搂抱对方腰部，先左后右，各贴一次或多次，并伴随着"你好吗""你怎么样""你近来可好"等问候语。在中国，拥抱礼时连带贴面礼多存在于政务礼仪、商务礼仪对外国友人的回礼。日常生活中，较少使用拥抱贴面礼。

一、拥抱礼的要领

　　1．行使拥抱礼的正确要点是两人相对而立，距离约一臂之长。站立姿态为左脚在前，右脚在后。

　　2．拥抱礼实施之前先友好对视，然后将各自上身稍稍前倾，重心放在左脚上。

　　3．实施拥抱礼时，将双臂抬起，右臂偏上，左臂偏下，右手环拥对方左背上部，左手环拥对方右腰部位。

　　4．拥抱礼的动作路径是：彼此头部向左侧，上身同侧微倾，右脸颊相向，相互拥抱。

5. 拥抱过程中，用手掌轻拍对方的背部以示友好。

6. 礼节性的拥抱礼不宜时间太长。完成拥抱礼后恢复相对礼姿，注视对方，保持微笑。

图10-1 丹丹与梦梦拥抱示范图

二、社交拥抱礼的使用范围

1. 在商务交往中，拥抱礼代表对对方的认可程度。当彼此熟悉、相互接纳之后，拥抱礼可作为迎接的礼节。

2. 在政务活动中，施礼者使用拥抱礼，回礼者应以拥抱礼回礼。

3. 在社会活动中，使用拥抱礼要事先考虑到受礼人对拥抱礼是否接纳的意愿。

4．涉外交往中应注意尊重对方的民族传统和风俗习惯。有的国家和地区的人，见面时不喜欢拥抱，除了北美人之外，部分欧洲人、大部分亚洲人，没有见面拥抱的习惯。

三、社交礼仪拥抱礼的禁忌

1．拥抱时双方的身体不宜贴得太紧，上身微微靠近即可。

2．拥抱时切记不要双手抱腰，不要腹部、腿部紧贴。

3．拥抱时不要距离太远，那样容易产生翘臀现象。翘臀体态既不雅观又容易失去重心。

4．拥抱时双手不能压肩。压肩产生的负重会令人不愉快。

5．拥抱时忌讳抬腿。抬腿的动作往往会被视为对对方的冒犯。

6．一些仅限于恋人之间的亲密拥抱在礼仪活动中是被严格禁止的。

10-2 丹丹与如如拥抱示范图

四、情感性拥抱礼

拥抱礼在某些时候，尤其是那些大喜大悲的特定环境中，有着传递、寄托、释放强烈感情的作用。根据姿势的不同，这种拥抱又可以有两种形式，即正面贴身拥抱和搂肩式拥抱。

1. 正面贴身拥抱

正面贴身拥抱是常见的情感性拥抱方式。进行这种拥抱时，拥抱双方均伸手抱住对方的肩部或后背，而且正面相对，身体紧贴，头部靠近或相贴，拥抱的时间长短视拥抱时的情绪而定。

愉快欢乐的正面贴身拥抱有特定的情景条件，通常在运动员通过艰难竞争获胜的时刻、在亲朋好友兴奋喜悦的时刻会用到。人们在拥抱时有时还伴随着跳跃、挥动手臂、尖叫、亲吻等动作，以达到宣泄情感的目的。

在悲伤、痛苦的情绪中，正面贴身拥抱往往伴随着哭泣。但是，此时的拥抱双方是处于同等痛苦状态的，这是先决条件。安慰式的拥抱不适用这种拥抱方式。

2. 搂肩式拥抱

搂肩式拥抱则是一种自然的亲昵的表示，拥抱者的身体是并排的，一方或双方的一只手臂从对方的脖子后面将对方的肩部搂住，同时将手搭在对方另一侧的肩膀上。搂肩式是一种长时间拥抱的姿态，拥抱过程中通常伴随着交谈。

搂肩式拥抱有着明确和特定的对象。愉快的搂肩式拥抱在亲友聚散的场合、在恋人相会之际常常出现。

五、职场拥抱礼的特点与技巧

职场拥抱礼是指职场活动纯礼节性拥抱。由于职场环境的特点，亲疏不同的关系常常会出现在同一场景。因此，掌握好职场拥抱礼的特点与技巧对于处理好职场人际关系十分必要。以下是要注意的几方面：

1．一厢情愿的拥抱令人尴尬。

当拥抱的对象没有拥抱意愿、没有做好拥抱心理准备时，贸然实施拥抱礼会令对方处于不接受拥抱礼无礼，勉强接受又不情愿的尴尬境地。

2．性别差异决定拥抱方式。

视性别和关系亲疏而定你拥抱的方式。职场中，男女同事之间的拥抱、竞争对手之间的拥抱常常附带着特殊原因。因此，一定要揣摩清楚对方的意愿，才能万无一失。而职场，异性之间的拥抱应有合理契机。随意实施职场异性间的拥抱，会让人有作风轻浮的印象。

3．因地制宜选择拥抱尺度。

拥抱要分场合，拥抱尺度更要根据现场环境来拿捏。在职场中，有上下级的身份差别时，在公开场合集体活动时，最好采用纯礼仪式的拥抱礼。不要显示出特别亲密的拥抱方式。

在职场活动中，有时会碰到一些不愿意接受的拥抱行为。

拒绝与防御不喜欢的拥抱可采用以下方法：

1．抢先行礼掌握主动。

当判断出对方意图时，抢先实施握手礼或者合十等其他打招呼的礼仪，成为礼仪的实施者。作为礼仪的规则，受礼者应使用施礼者的方式回礼才是恰当的方式。

2．设置障碍，转移对方注意力。

绕到桌椅后，递送物件等设置障碍的方式，使对方的拥抱动作无法展开。

3．用冷静的语言果断拒绝。

面临无法回避的拥抱，用语言平静拒绝，并说明不接受拥抱的方式。

4．急中生智试图逃避。

当判断出对方意图时，回避对方视线，避走脱离到对方不可实施拥抱的距离。

综述：

越是在一些正式重大的场合，拥抱礼仪越是必不可少。对那些喜欢在人群中与他人保持一定距离的人来说，在"抱不抱""怎样抱"的问题上需要迅速做出决策。一般来说，给予对方期望中的拥抱，把握对方期望中的尺度，这样的拥抱就是合理的。

六、西方人的拥抱礼

在拉美大部分国家，经常会遇到热烈的拥抱——紧紧拥抱，并在对方肩背上热情地拍打，墨西哥就是如此，但哥伦比亚和阿根廷不太相同，拥抱

图10-3 丹丹与梦梦拥抱手位错误图　　　　图10-4 丹丹与如如拥抱手位错误图

第二章　学习礼仪
学会对规则进行研读

同握手一样普遍，见面时拥抱，分手时也拥抱。在欧洲一部分国家拥抱时首先各向对方左侧拥抱，然后各向对方右侧拥抱，最后再一次各向对方左侧拥抱，拥抱一共三个回合。如意大利、希腊、西班牙，人们也行使这种拥抱礼节。在俄罗斯，男性好友见面先紧紧握手，然后紧紧拥抱。然而，大多数北美人如美国人，尤其男性对拥抱持否定态度，他们觉得拥抱太过亲密、出乎意料。在我国，除了外事活动以外，普通的社交场合一般不拥抱。

图10-5 丹丹与如如拥抱视线错误图

拥抱礼仪视频链接

087

第三章

学习礼仪
通过实践达到掌握

丹丹的出色表现得到了同事和公司的认可，成为了一个研发团队的负责人。在这个岗位上，丹丹与同行间的交流、涉外的协作机会越来越多，感受到的责任也越来越重。因为每一个疏忽都可能产生不良影响，很多时候还需要她独立面对、决定。因此，不管工作如何繁忙，丹丹总是定期去请教老师，希望在老师的帮助下，用最短的时间迅速掌握相关的礼仪知识。

在这一时期，丹丹已经立足岗位，投身于繁忙的工作中。老师的指导强化在丹丹对礼仪行为的实践上。通过场景分析、实物体验、真人模拟等方法，帮助丹丹迅速适应高强度、高要求的工作需要，引导丹丹处理复杂状态下的礼仪表达，掌握礼仪表达的技巧，达到从容应对的理想状态。

11. 名片是个人形象的展示

"老师早上好！"丹丹刚刚坐下，便带着微笑向老师问好。

"丹丹，早上好！"老师也微笑一下，用很标准的方式回应丹丹。

"老师，你能不能再给我一张名片呀？"丹丹略带神秘地笑着说。

"咦，你不是已经有了吗？这小姑娘真是个马大哈。"老师边说边拿出名片，看了一下名片的方向才递给了丹丹。

丹丹双手接过名片，嘻嘻地笑了起来："对，对了！"

"什么对了？"老师丈二和尚摸不着头脑。

"是这样的，昨天，我们刚拿到公司统一印刷的新名片，我正在美滋滋地看呢。刚好刘总走过来，见我拿着名片，便微笑着和我要一张名片。"丹丹一口气说道，"我一看是大刘总，心里特别激动，赶紧双手递上名片。刘总接过名片，看了一眼，然后又原样递回给我。他意味深长地说：'丹丹，这些涉及工作实践的礼仪还得好好学习呀！'"说到这儿，丹丹挠了挠头。

"你递名片的时候，是不是这个样子？名片上的名字正向着自己。"老师拿着一张名片比画给丹丹看。

"是呀是呀！"丹丹点点头，"后来我查看礼仪工具书，知道反了。可是，为什么不能名片正向自己递名片呢？"

"你先说说名片的用途。"老师说。

丹丹略想了一下，回答："名片的用途是介绍自己，维持联系，显示个性，拜会他人。"

"那名片上都有些什么？"老师继续问。

091

"有所在的单位，有我的名字和职务，有联系方式。"丹丹有条理地回答。

"你看像不像这个？"老师指着窗外马路旁的一个巨幅广告牌。

"对哦！"丹丹马上反应过来，似乎明白了，"名片就是每个人用于交流的招牌。"

"所以呢？"老师追问了一句。

"所以，从尊重的角度，应该让接到名片的人能方便清晰地看到名片上的内容。"丹丹紧接着说。

"那你名片递反的效果就像……"老师意味深长地说。

"那是倒栽葱！鼻孔朝天！"丹丹情急得直跺脚，"好了，好了，老师你别说了，我记住就是了……"

老师被丹丹逗得忍不住笑了，端起杯子喝了口茶，接着说："良好的礼仪行为是要注重细节，注重对方感受的。丹丹，你再想想，在名片礼仪的环节里，接受名片的人该如何表达才能体现出更恰当的礼仪行为呢？"

丹丹想了想，回答道："应该迅速及认真地阅读名片上的信息，然后再把名片收好！"

"很好！在社交场合，名片是自我介绍的简便方式。名片就是一个人在社会活动中外表信息的集中展示。"老师拿起自己的名片站起来，比画着说，"递名片时将名片的正面对着对方，对对方说：这是我的名片，请多关照。接受名片时应双手接稳，并伴随点头示意礼，感谢语。递名片的顺序应是地位低的先向地位高的人递名片；男士先向女性递名片。当对方不止一人时，应先将名片递给职务高者或年龄长者；或者由近至远处递，依次进行。切勿跳跃式地进行，以免有厚此薄彼之感。同时，无论递送或者接收名片，双方都应起身站立——这是为了证明自己对对方的尊重。双方的高度应在比较一致的高度上，这姿态代表了双方对等友善的信号。"

丹丹赶紧站立起来，认真地跟着老师学起动作来。

【仪礼综观】——"名片礼"

名片，是当代社会人际交往中一种最常用的介绍性媒介。由于它印制规范、文字简洁，使用起来便于携带、易于保存。同时，名片不讲尊卑、不分职业、不论性别。因此它的用途是十分广泛的，颇受社会各界的欢迎。人际交往中应学习如何正确地使用名片，有必要了解名片具体的礼仪常识。

一、名片的用途

对现代人而言，名片是一种物有所值的实用型交际工具。在人际交往中，名片有各自的使用方式，通常有以下几种情况：

初次会见他人，以名片做辅助性自我介绍效果最好，它不但可以说明自己的身份，强化效果，让对方难以忘怀，而且还可以节省时间，尽快向对方展示，提高交际沟通效率。

大多数情况下递交名片也是迅速打开社交圈的一条有效途径。换言之，主动把名片递给别人，也会意味着对对方的友好、信任和希望深交之意，也就是说巧用名片可以为结交朋友"铺路架桥"，但同时也要注意，不是每遇到陌生人就主动上前递上自己的名片，这会让人觉得失礼又唐突，更甚者会招致厌恶和反感。

一张小小的名片就犹如"袖珍通信录"，利用它所提供的资料即可与名片的提供者保持联系。正因为有了名片上所提供的各种联络方式，人们的"常来常往"才变得更加现实和便利，也才能有如今活跃多元的人际交往圈子。

公务式名片上列有归属单位、岗位职称等内容，因此利用名片亦可为本人及所在单位进行业务宣传，扩大交际面，争取潜在的合作伙伴，不断地扩大业务范围，达成各领域的协商合作，同时树立了企业品牌和形象。

丹丹学礼仪

利用名片，可以及时地向老朋友通报本人的最新情况。如晋升职务、乔迁新居、变换单位、更改电话号码等，可以通过印有变更的新名片向老朋友打招呼，以使彼此联系畅通无阻，使对方对自己的相关情况了解得更为及时、更加充分。

初次前往他人居所或工作单位进行拜访时，可将本人名片交由对方的门卫、秘书或家人转交给拜访者，以便对方确认"来者何人"，并决定见或不见。这种做法比较正规，可避免冒昧造访，给他人带来不便。

拜访他人不遇或者要请人转达某件事情时，可在名片上写下几行字，或一字不写，然后将它留下或托人转交，这样就会令对方"如闻其声，如见其人"，不至于误事。

图11-1 丹丹与梦梦名片礼示范图

在名片的左下角，以铅笔写下几行字或短语，寄交或转交他人，如同一封长信一样正式。若内容较多，也可写在名片背面。在国外，流行以法文缩略语写在名片左下角，以表示慰问、鼓励、感谢和祝贺他人等。

向他人赠送礼品时，可将本人名片放入其中，或将名片装入一个不封口的信封中，再将该信封固定于礼品外包装的上方。

介绍某人去见另外一人时，可用回形针将本人名片（居上）与被介绍人名片（居下）固定在一起，交与被介绍人。按常规思路来理解，这是一封非常正规的介绍信，是会受到高度重视的。

二、名片的交换方法

递名片给他人时应郑重其事，最好是起身站立，走上前去，使用双手或者右手，将名片正面面对对方，然后交与对方。此时，应微笑注视对方，并伴有口头问候语："你好，这是我的名片。""请多多指教。""今后保持联系。"等。必要时提前先做一下自我介绍，并注意避免以下情形：

1. 不要用左手递交名片。
2. 不要将名片背面面对对方。
3. 不要颠倒着名片向着对方。
4. 不要将名片举得高于胸部。
5. 不要以手指夹着名片递给对方。
6. 若对方是少数民族或外宾，则最好将名片上印有对方所认得的文字那一面面对对方。

在与多人交换名片时应讲究先后次序：由近而远，有尊而卑。一定要依次进行，切勿采用"跳跃式"。双方交换名片时最正规的做法是，应由位卑者首先把名片递给位尊者。但在一般情况下，也不必过分拘泥于这一规定。

交换名片时，要注意交换的时机，交换之时必须斟酌具体时机，学会见机行事、灵活应对。遇到以下几种情况时，是将自己的名片递交他人，或与

对方交换名片的较好时机:

1. 希望认识对方。
2. 表示自己重视对方。
3. 是被介绍给对方。
4. 是对方提议交换名片。
5. 为对方向自己索要名片。
6. 是初次登门拜访对方。
7. 通知对方自己的变更情况。
8. 打算获得对方的名片。

图11-2 丹丹与梦梦名片礼示范图

碰到以下几种情况，则不必把自己的名片递给对方，或与对方交换名片：

1. 对方是陌生人。
2. 不想认识对方。
3. 不愿与对方深交。
4. 自己并无兴趣结识对方。
5. 经常与对方见面。
6. 双方之间地位、身份、年龄差别悬殊。

当他人表示要递交名片给自己或交换名片时，应立即停止手中所做的一切事情，起身站立，面带微笑，目视对方，接受名片时，宜将双手捧接，或以右手接过，切勿单用左手接过。一定要有看的动作，这一点至为重要。具体而言，就是接过名片后，当即要从头到尾将名片认真默读一遍，若有疑问，则可当场向对方请教，此举意在表示重视对方，若接过他人名片后看也不看，或手头把玩，或弃之桌上，或装入衣袋，或交与他人，都是失礼的。

接他人名片时，应口头道谢，或重复对方所使用的谦辞敬语，如"请你多关照""请你多指教"，切不可一言不发。与此同时，须将自己的名片回敬对方，以示有来有往，最好在收好对方名片后再递出自己的名片，不要左右开弓、一来一往地同时进行。另外，如果没有必要，最好不要强索他人的名片。当他人索取本人名片，而本人不想给对方时，应以委婉的方法表达，不宜直截了当拒绝。

三、名片的存放

名片存放的良好方式能体现出个人行为修养。同时，在交换、收取、存放名片的过程中也能表达出对交往对象的尊重。因此，良好的名片存放方式应关注以下几点：

1. 在参加社交活动之前，应提前准备好名片，并进行必要的检查。
2. 随身所带的名片，最好放在专用的名片包、名片夹里。

3. 可以单独放在上衣口袋之内。

4. 在公文包以及办公室抽屉里，也可备有名片，以便随时随地使用。

5. 接过他人的名片仔细看过之后，应将其精心放入自己的名片包、名片夹或上衣口袋中以示敬重。

应避免如下不良习惯：

1. 不要随便放在裤袋、裙兜、提包里，这样用取时不正式。

2. 不要在使用时临时瞎翻乱找。应将名片预备充足，固定存放。

3. 不要与其他物品混杂堆放。这样显得杂乱无章，既不卫生，也不礼貌。

11-3 丹丹与梦梦名片礼示范图

名片礼仪视频链接

12. 介绍是社会交往的桥梁

"老师，我昨天见到德高望重的中科院王院士了。还是我负责接待的！"丹丹兴奋地说。

"王院士是科学界学术泰斗，专业精神卓越，令人敬佩。"老师对王院士很熟悉，也十分尊敬王院士。

"是呀，只是有一件事，我现在还弄不明白。"丹丹有些疑惑地说。

"哦？"老师示意丹丹往下说。

"昨天，公司刘总陪同王院士来考察我们创业园孵化器项目。这个项目研究人员由新入职大学生组成，我任组长。当时，见到王院士和刘总裁到来，我们十分激动，自动列队热烈欢迎。刘总裁满面春风地交代我介绍项目组的成员。当我要开口的时候，我犹豫了一下——一个是年长慈祥的学术泰斗王院士，一个是公司前进的掌舵人刘总。同时，他们俩也都不认识我们项目组成员。我该怎么安排先后向他们介绍呀？"

"后来呢？"老师问。

"后来刘总看出我的迟疑，暗暗示意我先介绍王院士。于是在向项目组成员介绍了王院长后，我再一一介绍我们成员——这是负责数据分析的飞飞，这是负责演算建模的张强……老师，虽然当时我是介绍完了，而且看得出来刘总很满意。但是到了现在我还是不能确定怎样才是更准确的方式，下次再碰到类似的情形能不能也按这样的顺序介绍？"

老师示意丹丹坐下，慢慢分析起来："在社会活动中，介绍是一种常用的礼仪行为。同时，介绍中又分自我介绍和他人介绍这两种方式。"

"嗯，自我介绍在面试时我已经学习过了。可对他人介绍，接受他人介绍我总是拿捏不准。"丹丹虚心地向老师请教。

"介绍礼仪的行为在实践中讲究先后顺序，并由此产生了各种各样的法则来规范和约束具体的礼仪行为。但不管如何变化，基本上都遵循尊者为先原则。"老师讲解道。

丹丹想了想，说："老师，王院士是学术泰斗，声誉高贡献大。同时年龄又年长刘总两个辈分。刘总作为主人，示意我先介绍王院士，是以此充分表达他对王院士尊重的意愿，对吗？"

老师点点头，补充说："是的。不过介绍的排序也不是一成不变的，同样的两个人，在不同的语境和事件里先后顺序也可能变化。"

"对，对，对！"似乎得到了印证，丹丹连连点头，"下午集团开全球采购商大会时，主持会议的张总就是先介绍刘总裁及公司班子成员后，再隆重介绍了参加会议的王院士。"

"在这个正式工作会议环境中，刘总裁及班子成员代表的是集团集体，在礼仪顺序中，个人要服从集体，尊者为先的尊在这里体现为集体的代表。"老师指出了其中的原因。

丹丹陷入了思考，好一会儿才说道："礼仪学真是学无止境啊，不用科学的态度认真研究，想当然去做是不行的。"

"掌握了规律，实践起来就快了。"老师看着丹丹认真的劲头，非常高兴，接着说，"在介绍他人时，谁先谁后是一个比较敏感的礼仪问题。在一般的礼仪通识实践中，通常遵循尊者优先的法则。只要在介绍前先要确认各方的具体情况，然后依次进行介绍，就不容易出错。在公务场合中位尊者的判断依据依次是职位、主宾、年龄。在社交场合中位尊者的判断依据依次是主宾、年龄。为他人介绍时是将低职位的向高职位的介绍，或者是将个人向众人介绍。"

第三章　学习礼仪
通过实践达到掌握

"老师，我还要慢慢体会，不清楚的地方再多多向你请教。"丹丹恭敬地对老师说。

"我们一起探讨，一起学习……"老师赞许地点点头。

【仪礼综观】——"介绍礼"

在日常生活和工作中，人们需要与其他的人进行必要的沟通和交流，以寻求理解、帮助和支持。介绍，就是人际交往中与其他人进行沟通、增进了解、建立联系的一种最基本、最常规的方式。它是自己主动沟通或者通过第三者中介沟通的方式，从而使交往双方相互认识、建立联系的一种具体交际方法。

介绍是人与人之间进行相互沟通的出发点。在社交场合，如能正确地进行介绍，不仅可以扩大自己的交际圈，而且有助于进行自我展示和自我宣传，也可以使自己在人际交往中消除误会、减少麻烦。

一、介绍的类型：

介绍可以分为介绍自我、介绍他人、介绍集体三大类型。

1．介绍自我的要领

又称自我介绍。简言之，它是在必要的社交场合，由自己担任介绍主角，将自己介绍给他人，以使交往对象或公众认识自己、了解自己。根据礼仪规范，进行自我介绍时，应注意自我介绍的时机、自我介绍的内容、自我介绍的分寸等诸多方面的问题。

自我介绍涉及时间、地点、当事人、旁观者、现场气氛等多种因素。一般认为下述时机可以进行适当的自我介绍：

（1）与不相识者相处时。

（2）有不相识者表现出有兴趣结识自己时。

（3）有不相识者请求本人做自我介绍时。

（4）与身边的陌生人共处时。

（5）打算介入由陌生人所组成的交际圈时。

（6）有求于人，而对方对自己不甚了解，或一无所知时。

（7）交往对象因为健忘而记不清自己，或担心此种情况有可能出现时。

（8）在出差、旅行途中，与他人不期而遇，并且有必要与之建立临时接触时。

（9）初次前往他人居所、办公室，进行登门拜访时。

（10）拜访熟人遇到不相识者挡驾，或对方不在，而要请不相识者代为转告时。

（11）初次利用大众传媒，如报纸、杂志、广播、电视、网络等，向社会公众进行自我推介、自我宣传时。

（12）利用社交媒介，如信函、电话、电报、传真、电子信函等，与其他不相识者进行联络时。

（13）前往陌生单位，进行业务联系时。

（14）因业务需要，在公共场合进行业务推广时。

（15）应聘求职或求学面试时。

最终又可被归纳为三种基本情况：一是本人希望结识他人；二是他人希望结识本人；三是本人认为有必要令他人了解或认识本人。

由于要进行自我介绍的时机各不相同，因而其具体表述方式也随之有所差异。自我介绍的内容，在此指的是自我介绍时所表述的主体部分，即在自我介绍时表达的具体方式。确定自我介绍的具体内容，应兼顾实际需要、所处场景，并应具有鲜明的针对性，切勿一概而论。

依照自我介绍时表述内容的不同，自我介绍可分为下述五种具体形式：

（1）应酬式的自我介绍，通常适用于某些公共场合和一般的社交场合，如旅行途中、宴会过程中、舞场之上、通电话时等。介绍的对象，主要是进行一般性接触的交往对象。对介绍者而言，对方属于泛泛之交，或早已熟悉，进行自我介绍只不过是为了确认身份而已，故此种情况下的自我介绍的内容要短小精悍、简洁到位。

（2）公务式的自我介绍，主要适用于工作政务中。它是以工作为自我介绍的中心，因工作而交际，因工作而交友。公务式自我介绍的内容，应当包括本人姓名、供职单位及部门、担任的职务或从事的具体工作三项。它们是公务式自我介绍内容的三要素，通常缺一不可。其中，第一项姓名，应当一次说完，不可有姓无名。第二项供职的单位及部门，最好全部报出，具体工作部门有时也可暂不报出。第三项担任的职务或从事的具体工作，有职务者最好报出职务，职务较低或者无职务者，则可报出目前所从事的具体工作。

（3）交流情景的自我介绍，主要适用于社交活动。它是一种刻意寻求与交往对象进行进一步交流与沟通并希望对方认识自己、了解自己、与自己建立联系的自我介绍。有时，它也叫社交式自我介绍或沟通式自我介绍。

交流情景中的自我介绍内容，大体应当包括介绍者的姓名、工作、籍贯、学历、兴趣以及与交往对象的某些熟人的关系等。值得指出的是，不一定非要面面俱到，应当依照具体情况而定。

（4）礼仪情景中的自我介绍，通常适用于讲座、报告、演出、庆典、仪式等一些正式而隆重的场合。它是一种意在表示对交往对象友好、敬意的自我介绍。

礼仪情景中的自我介绍的具体内容，亦包含姓名、单位、职务等项，但是还应多加入一些适宜的谦辞、敬语，以示自己礼待交往对象。例如：

"各位来宾好！我叫方志平，是四达公司的董事长。现在，由我代表本公司热烈欢迎大家光临我们的剪彩仪式，谢谢大家的支持！"

（5）问答中的自我介绍，一般适用于应试、应聘和公务交往。在普通的交际应酬场合，也时有出现。问答情景中自我介绍的具体内容，一般讲究的是问什么答什么，并且要求有问必答。

在进行自我介绍时要注意时间：进行自我介绍一定要力求简洁，并尽可能地节省时间。虽说各种形式的自我介绍所需时间不可等量齐观，但总的原则，还是所用时间越短越好，并以半分钟左右为佳。如无特殊情况，最好不要长于一分钟。为节约时间，在做自我介绍前，还可以递上本人的名片、介绍信加以辅助。若使用了名片、介绍信，则其上所列的内容应尽量不予重复。

自我介绍应在适当的时机进行。进行自我介绍的适当时机一般包括以下一些情况：一是对方有兴趣时；二是对方有空闲时；三是对方情绪好时；四是对方干扰少时；五是对方有此要求时。这些时候进行自我介绍比较适宜，也能达到良好的效果。而当对方无兴趣、无要求、工作忙、干扰大、心情坏、休息小憩、忙于用餐或忙于私人交往之时，都不宜进行自我介绍，不然会适得其反。

进行自我介绍时，态度务必要自然、友善、随和，应该显得落落大方、笑容可掬。既不要小里小气、畏首畏尾，又不要虚张声势、轻浮夸张、矫揉造作。要充满信心和勇气。千万不要妄自菲薄、心怀怯意、临场发挥失常。另外，自我介绍时一定要敢于正视对方双眼，显得胸有成竹、不慌不忙。这样将有助于自我放松，并使对方对自己产生好感。

在自我介绍的过程中，语气要自然，语速要正常，语音要清晰，这对自我介绍的成功将大有益处。一定要力戒语气生硬冷漠、语速过快或过慢、语音含混不清，这些都是缺少经验、缺乏自信的具体表现。

进行自我介绍时所表述的各项内容，一定要实事求是、真实可信。没有必要过分谦虚，一味贬低自己去讨好别人，但是也不可自吹自擂、吹嘘弄假、夸大其词。在自我介绍时掺水分，往往得不偿失，只有真诚地表露心扉，说出事实，呈现最为本真的内容、信息，才能搭建好平等之桥，才能真正令人信服。

2．介绍他人的要领

介绍他人，通常又称第三者介绍，它在此是指经第三者为不相识的双方引见、介绍的一种具体的介绍方式。在介绍他人时，为他人做介绍的第三方是介绍者，而被介绍者所介绍的双方则是被介绍者。介绍他人通常都是双向介绍的，即将被介绍者双方各自做一番介绍。有时，也可进行单向的他人介绍，即只将被介绍者中的某一方介绍给另一方。其前提是前者了解后者，而后者不了解前者。

在介绍他人中，介绍者的确定是有一定之规的。通常具有下列身份者，理应在介绍他人中充当介绍者：

（1）社交活动中的东道主。

（2）交际场合的长者。

（3）家庭性聚会中的女主人。

（4）公务交往中的专职人员，如公关人员、礼宾人员、文秘人员、办公室工作人员、接待人员等。

（5）正式活动中的地位、身份较高者，或其主要负责人员。

（6）熟悉被介绍者双方者。

（7）被介绍者一方或双方要求者。

（8）在交际应酬中，被指定的介绍者。

决定为他人做介绍时，要审时度势，熟悉双方情况。如有可能，在为他人做介绍之前，最好先征求一下双方的意见，以免为原本相识者或关系交恶者去做介绍。

丹丹学礼仪

图12-1 丹丹介绍礼示范图

遇到下述情况时，通常有必要进行他人介绍：

（1）在家中，接待彼此不相识的客人。

（2）在办公地点，接待彼此不相识的来访者。

（3）与家人外出，路遇家人所不相识的同事或朋友。

（4）陪同亲友，前去拜会亲友所不相识者。

（5）本人的接待对象遇见了其不相识者，而对方又跟自己打了招呼。

（6）陪同上司、长者、女士、来宾时，遇见了其不相识者，而对方又跟自己打了招呼。

（7）打算推荐某人加入某一交际圈。

（8）收到为他人做介绍的邀请。

第三章　学习礼仪
通过实践达到掌握

为他人做介绍时，先介绍谁，后介绍谁，向来是一个敏感的礼仪问题。根据礼仪规范，处理这一问题是必须遵守"尊者优先了解情况"的规则。在为他人做介绍前，先要确定双方地位的尊卑，然后先介绍卑者，后介绍位尊者。这样做可以使位尊者优先了解位卑者的情况，以便见机行事，在交际应酬中掌握主动权。

总之，应确保位尊之人拥有"优先知情权"。这一规则，有时又称"后来居上"规则。它所指的是后被介绍者，应较之先被介绍者地位为上。根据这些规则，为他人做介绍时，被介绍者双方具体的先后顺序大致有如下几种情况：

（1）介绍年长者与年幼者认识时，应先介绍年幼者，后介绍年长者。

（2）介绍长辈与晚辈认识时，应先介绍晚辈，后介绍长辈。

（3）介绍老师与学生认识时，应先介绍学生，后介绍老师。

（4）介绍女士与男士认识时，应先介绍男士，后介绍女士。

（5）介绍已婚者与未婚者认识时，应先介绍未婚者，后介绍已婚者。

（6）介绍同事、朋友与家人认识时，应先介绍家人，后介绍同事、朋友。

（7）介绍来宾与主人认识时，应先介绍主人，后介绍来宾。

（8）介绍交际场合与先至者与后至者认识时，应先介绍后至者，后介绍先至者。

（9）介绍上级与下级认识时，应先介绍下级，后介绍上级。

（10）介绍职位、身份高者与职位、身份低者认识时，应先介绍职位、身份低者，后介绍职位、身份高者。

在为他人做介绍时，介绍者对介绍的具体内容应当字斟句酌、慎之又慎。倘若对此掉以轻心、词不达意、敷衍了事，很容易给被介绍者留下不良印象。根据实际需要不同，为他人做介绍时的内容往往会有所不同。通常，有以下六种形式可供借鉴：

（1）标准式。

适用于正式场合，其内容以双方的姓名、单位、职务等为主。

（2）简介式

适用于一般社交场合，其内容往往只有双方姓名一项，甚至可以只提到双方姓氏为止。接下来则要由被介绍者见机行事。

（3）强调式

适用于各种交际场合，其内容除被介绍者的姓名外，往往还会刻意强调一下其中某位被介绍者与介绍者之间的特殊关系，以便引起另外一位被介绍者的重视。

（4）引见式

适用于普通社交场合。做这种介绍时，介绍者所要做的，主要是将被介绍者双方引导到一起，而往往无须表达任何具有实质性的内容。

（5）推荐式

适用于比较正式的场合，多是介绍者有备而来，有意要将某人举荐给某人，因此在其具体内容方面，通常会对举荐人的优点加以重点介绍。

（6）礼仪式

适用于正式场合，是一种最为正式的他人介绍。其内容略同于标准式，但在语气、表达、称呼上，则更为礼貌、谦恭。

进行他人介绍时，介绍者与被介绍者都要注意自己的表达、态度与反应。为被介绍者做介绍之前，不仅要尽量征求一下被介绍者双方的意见，而且在其开始介绍时还应再打一下招呼，切勿上去开口即讲，显得突如其来，会让被介绍者措手不及。

被介绍者在介绍者询问其是否有意认识某人时，一般不应加以拒绝或显得不乐意，而应欣然接受。实在不愿意时，则应说明具体缘由。当介绍者走上前来，开始为被介绍者进行介绍时，被介绍者双方均应起身站立，面带微笑，大方地目视介绍者或对方，神态自然、专注。

当介绍完毕后，被介绍者双方应依照合乎礼仪的顺序进行握手，并且彼此问候对方。必要的时候还可做进一步的自我介绍。

第三章　学习礼仪
通过实践达到掌握

图12-2 丹丹介绍礼示范图

3．介绍集体的要领

　　介绍集体是他人介绍的一种特殊形式。它是指介绍者在为他人介绍时，被介绍者其中一方或者双方不止一人，甚至是多人。由此可见，集体介绍大体可分成两种：其一，为一人向多人做介绍。其二，为多人向多人做介绍。介绍集体时，通常应主要关注介绍的时机、顺序与内容三方面的问题。

　　遇到如下几种具体情况，往往应当进行集体介绍：

　　（1）大型的公务活动，参加者不止一方，而且各方不止一人。

　　（2）涉外交往活动，参加活动的宾主双方皆不止一人。

　　（3）规模较大的社交性聚会，有多方参加，各方均可能不止一人。

　　（4）家庭型私人交往，主人的家人与来访者双方均可能不止一人。

109

（5）正式的大型宴会，主办方来宾均不止一人。

（6）婚礼、生日晚会，当事人与来宾双方均不止一人。

（7）举行会议，应邀前来的与会者往往不止一人。

（8）演讲、报告、比赛，参加者不止一人。

（9）会见、会谈，各方参加者不止一人。

（10）接待参观、访问者，来宾不止一人。

若有可能，进行集体介绍时的具体顺序，应参照他人介绍的顺序进行。若实难参照，则可酌情参考下述顺序。应当强调的是：越是正式、大型的交际活动，对集体介绍的顺序就越是不能马虎。

（1）少数服从多数

它的含义，在此具体是指当被介绍者双方的地位、身份大致相似，或者难以确定时，应当使人数较少的一方礼让人数较多的一方，或者一个人礼让多数人。先介绍人数较少的一方或个人，后介绍人数较多的一方或多数人。

（2）强调地位、身份

若被介绍者双方地位、身份之间存在明显差异，特别是当这些差异表现为年龄、性别、婚否、师生以及职务有别时，则地位、身份为尊的一方即使人数较少，甚至仅为一人，仍然应被置于尊贵的位置，最后加以介绍，而后介绍另一方人员。

（3）单向介绍

在演讲、报告、比赛、会议、会见时，往往只要将主角介绍给广大参加者，而没有必要一一介绍广大参加者，因为届时对参加者一一加以介绍的意义并不大。

（4）人数较多一方的介绍

若需要介绍的一方人数不止一人，可采取笼统的方法进行介绍。但是最好还是对其一一进行介绍。进行此种介绍时，可比照他人介绍时位次尊卑的顺序，由卑而尊。

若被介绍双方皆不止一人，则可依照社交礼仪的规范，先介绍位卑的一方，后介绍位尊的一方。在介绍各方人员时，均须由卑而尊，依次进行。

有时，被介绍者往往不止两方。此时，要对被介绍的各方进行位次排列。排列的具体方法一般有六：一是以其负责人身份为准；二是以其单位规模为准；三是以其单位名称的英文字母或汉语拼音字母顺序为准；四是以其抵达时间的先后顺序为准；五是以其座次顺序为准；六是以其距介绍者的远近为准。进行多方介绍时，应由卑而尊。如时间允许，应在介绍各方时以由卑而尊的顺序，一一介绍各个成员；若时间不允许，则不必介绍其具体成员。

12-3 梦梦介绍礼示范图

集体介绍的内容，与介绍他人的内容基本上无异，但要求更认真、更准确、更清晰。通常应尤为注意不使用易生歧义的简称，至少要在首次介绍时使用其准确的全称，然后方可采用简称。不借机开玩笑、捉弄人，切勿随意拿被介绍者开玩笑。

介绍礼仪视频链接

13. 着装能体现个人的风采

"老师，老师，快告诉我什么是正装？"丹丹一进门便火急火燎地问道。

"快坐下休息一下，先喝口水，怎么这个问题问得这么着急？"老师询问道。

"是这样的，昨天一个物料供应商来公司做新材料演示会。这是一个严肃的业务会议，公司办照例通知与会人员着公司工服。演示会开始了，对方做演示讲解的人员穿着吊带长裙款款而来，那款长裙齐脚踝，红绿花点搭配雅致，在开的很低的领口那里配了一颗碧绿的翠玉，更是风姿韵味俱备，尽显对方凹凸玲珑的身段。没有想到，在会议进行到一半的时候，公司张总侧身对我耳语道：丹丹，明天你和我去参加的那个高峰论坛会议是要求着正装的，你准备一下。老师，张总说的正装到底是怎样一个标准啊？"

老师笑了笑说："你先来说说你印象中的正装是什么样的。"

"嗯……"丹丹抬起头来努力地联想，"男士就是白衬衣，深色西装配领带。女士嘛，不太清楚，好像套装也有，裙装也有。"

"你先从颜色方面来想……"

"对了！颜色出现最多的是浅色、纯色和黑色。很少杂色搭配，也基本没有过于鲜艳的颜色。"丹丹咋了咋舌头，做了个鬼脸，"嘿嘿，刚刚看了一本着装色彩礼仪的书，想起来了。"

"继续说……"老师示意丹丹继续说下去。

"正装应该避免过于紧身、短小，过于透视，过于暴露胸部、肩部、大腿。那项目经理露肩、低胸、裙衩太高，不符合公务正装标准，不及格。"丹丹一口气滔滔不绝地说下来，有些小得意地等着老师表扬。

老师看在眼里，只是笑了笑，再问："为什么不能暴露，你不是也说她风姿绰约吗？"

"呃，这……"丹丹一时语塞，眼巴巴地看着老师，"老师，你还是快告诉我吧。"

老师并没有直接回答，而是接着说："一般而言，商务人员所涉及的场合有三类：公务场合，目的是项目的谈判、落实。社交场合，目的是便于感情的沟通交流。休闲场合，目的是放松压力为后期公务活动储备资源。你想想，整个项目说明会上，大家的注意力都应落在项目的具体展示上，而这个项目展示者因为个人着装不当，过于暴露，突出个人形象，分散了与会者的注意力，冲淡了项目分析会严谨细致的气氛，本末倒置。你说这对展示会本身有利还是有弊？"

"哦，我明白了。老师曾经说过，礼仪行为是要为礼仪交往的核心目的服务的，着装礼仪也不例外。"丹丹不愧是学霸，一点就通。

"是的。"老师进一步说明，"鉴于每一位员工的形象均代表其所在单位的形象及企业的规范化程度，也反映了个人的修养和见识，因此职业人士的着装必须与其所在单位形象、所从事的具体工作相称，做到男女有别、职级有别、身份有别、职业有别、岗位有别，即'干什么，像什么'。因此职业人士的着装应当因场合不同而异，以不变应万变显然大为不妥。在不同的场合职业人士应该选择不同的服装，以此来体现自己的身份、教养与品位。这样才会使职业人员的着装恰到好处地反映自身的素质，反映企业的形象。"

"谢谢老师的讲解。"丹丹再次尊敬地向老师致谢。

【仪礼综观】——"着装礼"

穿着服饰既有着遮体御寒、包装美化的功用，也是人体由外而内的延伸体现。得体适宜、整洁大方的着装是最基本的交往礼仪，往往显示一个人的个性、身份、修养及生活品质等各方面信息，即所见所得的第一印象，直接关系个人形象的评价。因此，掌握着装礼仪在礼仪实践的过程中十分重要。

一、着装礼仪原则

按照惯例，着装礼仪有其基本的原则和规范。只要严格地遵守这些规范，便能恰当地应对各种不同社交场合对着装礼仪的要求。下面几点是职场着装礼仪的基本规范和原则。

1.与时相应

不同时段的着装规则。可以四季节点划分，穿着打扮要与季节、温度、环境搭配，也可从小的时间原则划分，指一天中不同的时段要对应不同的服装，才是不失礼的。这一点对女士尤其重要。白天工作时，女士应穿着正式的套装，体现专业性和优雅性。晚上出席酒会或其他娱乐活动就须多加一些装饰，彰显品位和魅力。另外，服装的选择还要适合季节气候特点，应当与时尚的潮流大势同步。

2.与事协调

不同的场合要注意不同的穿衣风格和变换的服装搭配。如果一天要参加不同的活动三次，那就不要怕麻烦务必换三次衣服，以适应场合的需要。在办公室上班，与重要的客人会谈或参加正式会议，就要穿稳重大方的制服或正装，要注意衣着的庄重考究。中午要参加宴会或是社交活动，则要按照宴会要求穿着正式的礼服。下午朋友聚会或一起去郊游，那么应当换上轻便、舒适、适宜户外活动的服装。根据各式场合更换着装既有助于各种活动的开展，又不至于失礼。休闲场合应穿便装，穿礼服显得拘谨，不合时宜。同样，如果以便装出席正式宴会，不但是对宴会主人的不尊重，也会令自己尴尬。

服饰礼仪强调与事协调，要注意符合自己的年龄、气质和形体条件。不应过于短小或宽大，要符合自己的职业特征和身份地位。正式的场合，男性不能穿运动服、牛仔服、夹克衫等休闲服装。这些服装只适合度假、爬山或运动时。而在休闲场合，过于正式的装扮显然也是不适宜的。场合原则强调的是不同场合对应不同事务，不同事务相应搭配合适的服装，即遵循一定的着装规范，绝不能随随便便。所以，衣着要适应场合，这是相当重要的礼仪规则。

3.与境相适

不同的地点需要不同的着装风格与之相适应。在自己家里接待客人，可以穿着舒适但整洁的休闲服。如果是去公司或单位拜访，穿正式的职业装会显得专业些。外出时，要估计当地的传统和风俗习惯。去教堂或寺庙等场所，不能穿过露或过短的服装，必须遵守特定地点的着装要求。与境相适讲究的是不同的地方服装礼仪的要求是不同的。如果不注意这一点，就会失了应有的着装礼仪，陷入难堪的局面。

4.三色原则

三色原则是在国际礼仪规范中被多次强调的一个重要原则。所谓"三色原则"，是指全身上下的衣着，应当保持在三种色彩之内。简单说来就是指在正式场合穿着西装或正式的套装时，全身颜色色系必须限制在三种之内，否则就会显得不伦不类，极不雅观，也失了庄重。

第三章　　学习礼仪
通过实践达到掌握

图13-1　丹丹军训服图

图13-2　丹丹日常服图

图13-3　丹丹制服图

图13-4　丹丹礼服图

117

不论是男性还是女性都应该遵循三色原则。男士身着西装，要注重穿着合体、优雅、符合规范，全身上下不能超过三种颜色，包括衬衣、领带、腰带、鞋袜。这是因为从视觉上讲，服装的色彩在三种以内较好搭配。一旦超过三种颜色，就会显得杂乱无章。比如，西装左侧胸袋里插上袋饰手帕，其色彩最好与领带或衬衫颜色相近，否则，上半身就会显得色彩斑斓。另外，对于男士还有一个"三一律"要点，即男士的鞋子、腰带、公文包这三大要件的颜色要一致或相近。这样才能显得更成熟稳重。所以公务男士不能一味追求新潮而不顾鞋子、腰带和公文包的整体颜色效果，那样只会贻笑大方，损害形象。

对女性而言，全身着装也尽量不要超过三种颜色。特别是公务女士，经常出差或出入各种商务会议，要体现正式风格就应色彩协调，不然会给人留下不注重仪容仪表、身份低下、地位不高或是能力不强的印象。

5.整洁原则

无论是何种场合，着装的干净整洁是首要的。在任何情况下都应保持服饰的整洁清爽，衣服不能沾有污渍，不能有绽线的地方，更不能有破洞，扣子上等配件应齐全，衣领和袖口处尤其要注意保持干净。全身的服装整体上要保持光洁挺括，不允许又褶又皱，不熨不烫，也要杜绝又残又破，乱打补丁的情形，这些绝对不能出现在正式场合。着装应当干净整洁，并根据材质分类清洗和日常养护。服装应定期检查更换，不允许残留明显的污渍、油迹、汗味与体臭。

6.正式原则

在严肃正式的场合，务必遵守端正严谨、稳重正式的着装原则。服装礼仪，关乎形象、尊重和修养。公共场合绝大多数都是正式的场合，需要正式的服装来搭配。对职场人员来说，大多数时候建议都穿正装，让自己一直保持端庄稳重的形象。同时，正式的场合务必穿着正式服装。下面从不同性别角色的角度详细阐述正式着装原则：

职场男士着装，以庄重大方为上。职场中，男士穿衣不是为了时尚潮流，也不是为了突出自我、展示个性，更不是为了鹤立鸡群、标新立异，而是为了展示自己的职业形象。在稳重含蓄的服装外表之下，塑造和展露出来深沉、可靠、自信、成熟的力量。一般来说，职场场合的标准职业装为西装。西装造型典雅高贵，领部优美，肩部舒展，腰部线条挺括，会使男性更具英挺帅气的魅力，质地精良、剪裁合身的西装，是公务男士的首选。正式的西装由七部分组成，也被称为正装的"七大件"，其中包括西服外套、西裤、衬衫、领带、腰带、袜子和皮鞋。正式的场合要穿正式的西装，因此这"七大件"一件也不能多也不能少。

职场女士着装，以优雅简洁为佳。女性在服装方面的选择相对丰富得多。对女性职场人员而言，同样需要正装。也不可以随便选择的穿着与搭配。女士公务着装以优雅、简洁为核心，展示女性优雅、干练的气质和魅力，塑造专业而又精明的形象。展示性感、可爱或是其他女性特征在普通的社交关系、亲情关系中更为恰当。西装套裙是女性的标准职业着装，可塑造强有力的形象。一般认为，女士正装有"四大件"——西服上衣、西服套裙、丝袜、高跟鞋。女士的正装不像男士正装那样一件不能多，而是"可以多，不能少"。也就是说，女士正装主要的"四大件"缺一不可，但是可以适当增加一些其他服饰，如增加衬衫、丝巾、围巾等。

二、男士职场正式着装要求

正装一定要整套穿着，千万不要将不同品牌不同款式的正装胡乱搭配。只要颜色和材质感觉不协调，便会形成极不对称的感觉。一定要精心挑选、和谐搭配、重视整体的统一协调感。不按照正式场合的规范化要求着装，胡乱搭配，就会给人留下杂乱不清的印象，也会让人对你的能力和素质产生疑虑。

穿着正装时，应选择与西裤、皮鞋颜色搭配的袜子，白色或深色透明感的袜子都不合适。对男士而言，在正式的场合，除了头脸和手部，露出身体其他部位都是失礼的。真正得体的男士正装，对袜子一样讲究。短袜不合适正装，较长的袜子可避免跷脚时露出腿毛的窘境，即使裤子的长度刚好，但是一旦跷脚时，只要看到一点点腿部，就会彻底毁掉本来完美的形象。过短的运动休闲袜搭配皮鞋和正装也不合适，一般不选择。深色西装配白袜，被认为是最没有品位、显得俗气的搭配，因而，袜子的颜色要选择深色系与西装搭配，如黑色、灰色和咖啡色系。

男士喜欢在衬衫内套一件背心式的内衣，这其实是很不适合礼仪规范的。男性背影常常让人赞许，那是因为穿西装的背影英姿焕发，但若脱掉外套后透过衬衫看见内衣的线条，可能会让人大失所望。对有些人而言，在衬衫中穿内衣只是一种习惯，但却是对形象的一种致命伤害。建议在穿着较薄的衬衫时最好不要穿着内衣，尤其是在夏天很热的情况下，穿两件衣服，只会让你更热，尽量选择透气舒适的服装。

西服正装讲究的是线条严谨，并且能够起到美化身形的作用。如果在正装口袋中装有过多的杂物就会让口袋鼓起，从而破坏西服正装笔直严谨的线条。所以，西装口袋里一般不要装任何东西，特别是裤子口袋什么都不能放，才能让西服的整体外观保持原样，体现正装的严谨、庄重。西装上衣的口袋可以考虑搭配一方手帕。

正装穿着一定要合身，尽量每部分都紧贴身体，这样才符合严谨的风格。衬衫领子的大小往往是很容易被忽视的细节。如果衬衫领子与脖子之间存在超过两指的间隙，那么说明衬衫领口尺寸过大，会让人看起来很"邋遢"。因此，在选择衬衫时，一定要挑选好尺寸，保证领子紧贴脖子，不留太大的缝隙。

男士在正式场合的着装忌色彩繁杂，过分耀眼和过于暴露、透明。不能暴露胸部、肩部、腿部的情形，也不能过分透明，这是对别人的不尊重，也影响自身的形象。

男士正装一定要合身,过于短小和紧身的服装是不礼貌的,那样既会让别人觉得不愉快,也会让自己觉得不舒适。所以,在正式场合,要选择穿合身舒适的正装。

三、女士职场正式着装要求

对女士而言,在衣着上的自由度会比男士大一些,人们对女士着装容忍度也较大。但在正式场合,也一样有很多的禁忌,也应考虑得体的装扮搭配,同样需要女性公务人员特别注意。

正式场合的着装务必规范,切不可将礼服、正装与休闲装和运动装混搭,穿在一身,或者将质地不同、款式不同的服装混搭在一起,这样会给人留下不正式的印象,从而降低对你的信任度。

牢记正式的场合还是需要正式着装。因而,基本的着装礼仪原则不可打破。所有的女性都希望自己光鲜亮丽,但这并不是穿上五颜六色的服装就能达到目的的。正式的场合,女性着装也要遵守"三色原则",如果套装颜色稍暗,可以搭配亮色的丝巾来提升明艳度,但也不能超过三色。要不然,即便你再有能力,也只会让人当作花瓶。除了颜色过多,过分暴露、透视、短小、紧身的服装,也是女性公务着装的禁忌。

着装要规范、协调、不违背基本原则。如果女士穿着非常高档的套裙,下面却穿双拖鞋式凉鞋,那么显然不合适。裙子只能穿长筒袜或连裤袜,切记不能在裙子下加健美裤,更不能穿半截的袜子,在裙子和袜子之间露出一截腿来,成为"三截腿",专业术语叫"恶意分割",不仅使女性身材走样,让腿变短,也是极为失礼的。还有一点要特别注意,黑色的皮裙是女性穿衣的绝对禁区!因为黑色皮裙在西方被视为一种特殊行业(性工作者)的服装。所以,尽量不让别人误会你的身份。

不穿袜子是正式场合的大忌。在公务场合中,很多人都认为女士穿套装套裙时，光着脚或是光着腿有卖弄性感之嫌。所以长筒袜是女性公务人员出席正式场合时的必备之物，并且丝袜也是女性正装中不可缺少的组成部分。

　　时髦亮丽的服装对于任何女性都有着极强的吸引力。但是作为女性公务人员着装要注意场合，更要注意细节。打扮过于时髦的女性，并不能在庄重的正式场合给人以好的印象。对服饰过于花哨怪异者，人们总习惯对他的工作能力、工作作风、敬业精神、生活态度等持怀疑态度。所以不要让你的着装变成你的绊脚石，而要让它穿得好，更要穿得对。

　　首饰以少为佳，不多于三种，每种不多于三样。首饰搭配要求同样质地、同样颜色，首选白金，再选白银，最后选不锈钢。特别注意切不可让首饰在身上叮当作响，那样既影响工作，也有失庄重。

综述：
　　服饰礼仪有其特定的着装规范和禁忌，一个人的着装整洁优雅得体，往往能体现其人格魅力，展现正派、大方、庄重、自信的风貌，赢得别人的赞赏和尊重。

第三章　学习礼仪
通过实践达到掌握

14. 乘车要讲究座次的顺序

"老师早！"丹丹神情愉悦地向老师道早安。

"早啊！丹丹，看样子今天心情不错呀！"老师心情愉快地回应说。

"嘿嘿，昨天我第一次和刘总单独外出开会，刘总还表扬我了呢。"丹丹有点得意，"业务上的问题没难倒我，呢……就是在与刘总乘车外出时，我该坐在车的哪个位置弄不清，着实让我犯难了好一会儿。"

"问吧。"老师仿佛在意料之中，笑着说。

"昨天是市政府的紧急协调会。由于事出突然，刘总的专职司机又正在外面办事，于是刘总决定亲自开车带上我去赶会议。"像往常一样，丹丹绘声绘色地说了起来，"我在大厦大堂外等刘总从地库开车出来。没一会儿，车到身边时我却一下子彷徨起来——我该坐在哪个位置呢？车的后座是主座，刘总亲自开车，我坐那里确实不妥。可刘总是那样的大领导，我一个新职员小职员坐在他身边也不合适吧！况且，刘总是让我很敬畏的……"

"后来呢？"老师虽然在听，却似乎早知道发展的状态。

"后来，刘总摇下车窗招呼我：来，丹丹，坐到前排来……老师，刘总亲自开车，我坐在前排副驾驶位上可以吗？"丹丹问道。

"你先设想一下：如果你坐在后排，当刘总想和你交谈时，他的感受会怎么样？"老师引导着说。

丹丹想着刘总的位置，回了回身说："刘总要扭过头和我说话，肯定不舒服，另外也不安全。"

123

"对呀！另外，刘总的身份是你上司，他亲自开车，而你却坐在后排。那么，一种司机与乘客的服务关系在干扰着你们之间的真实身份认知，这时，你与刘总之间的上下级从属关系，似乎在形式上产生了模糊变化，这样双方都会感到局促。"老师把概念融入实景讲解道。

"对！对！对！我当时就是这么想的。"仿佛说到了丹丹的心坎里，丹丹使劲地点头表示认同。

"实际上，社交礼仪在一定的交往情景下具有心理和行为上的互动，这都是人际关系的一般结构中的要素。"老师亲切地看着丹丹说，"有很多礼仪工具书用图例来说明座次，你可以参考看看，一目了然。与此同时，在公务活动乘车接待上，尊重嘉宾本人的意愿和选择，并应将这一条放在最重要的位置，这才是关键点。简单地说就是必须尊重嘉宾本人对汽车座次的选择，嘉宾坐在哪里，即可认定哪里是上座。即便嘉宾不明白座次，坐错了地方，轻易也不要对其指出或纠正。"

"不读死书，灵活运用，这样的方法在礼仪知识学习中也是很重要的啊！"丹丹感叹地说。

【仪礼综观】——"乘车礼"

乘车礼：乘坐车辆有专门的礼仪要求。由于乘坐轿车时空间环境的特殊性，要保持有风度、以礼待人，就必须要遵守相应礼仪的规则。掌握好乘车礼仪，在社交活动中，可以更便捷安全，增进友谊。乘坐轿车礼仪是现代都市职场活动中必不可少的基础知识，其相关规范如下：

一、乘坐有专职司机驾驶的乘车礼仪

开车的人是专职司机时，上座是后排右座。这是左侧驾驶规则国家的通

用规则。右侧驾驶规则的国家的上座是专职司机后排左座。这是基于乘坐人与司机斜对位乘坐更为安全，乘坐于后排比前排更为舒服等实际考虑。

乘坐由专职司机驾驶的轿车时，坐于前排者，要后上车，先下车，以便照顾坐于后排者。与其他人同坐于后一排时，应请尊长、女士、来宾从右侧车门先上车，自己再从车后绕到左侧车门后上车。下车时，则应自己先从左侧下车，再从车后绕过来帮助对方。若左侧车门不宜开启，于右侧车门上车时，要里座先上，外座后上。下车时，要外座先下，里座后下。总之，以方便易行为宜。乘坐多排座轿车，通常应以距离车门的远近为序。上车时，距车门最远者先上，其他人随后由远而近依次而上。下车时，距车门最近者先下，其他随后由近而远依次而下。

二、乘坐由主人开车的乘车礼仪

1. 乘坐主人驾驶的轿车时，前排座不应空着。要有一个人坐在副驾驶位上，以示相伴。

2. 主人亲自驾车，乘客只有一人时，应坐在副驾驶位上。

3. 主人驾驶自己的轿车时，其夫人一般应坐在副驾驶位上。

4. 由主人驾车送其友人夫妇回家时，由友人之中的男士，应坐在副驾驶位上，与主人相伴。主人夫人与客人夫人坐在后排，更合乎礼仪。

三、与领导共同的乘车礼仪

1. 当领导开车时，下属要坐在领导旁边的副驾驶位上。

2. 当与领导外出有专属司机开小轿车时，下属应坐在副驾驶位上。如果下属与领导两人外出，领导示意同坐后排时，应领导坐在后排右侧座位，下属坐到领导左侧座位。

四、乘车上下顺序的礼仪

1. 普通情况下的乘车顺序：

先宾后主、先尊后卑、先上级后下级。

2. 当主人陪同客人同乘一辆轿车时：

主人应为同车的第一主宾打开轿车的右侧后门，用手挡住车门上沿，防止客人碰到头。客人坐好后再关门，注意不要夹了客人的手或衣服。然后从车尾绕到左侧为其他的客人开门或自己上车。

3. 当和女士、长辈一同乘车时：

应请女士、长辈先上车，并为对方开关车门。抵达目的地时，主人首先下车，然后为客人打开车门。男士可主动表示坐次要位置。

五、乘车座次的礼仪

在比较正式的场合，乘坐轿车时一定要分清座次的尊卑，并在自己合适的地方就座。在非正式场合，则不必过分拘礼。必须明确：对于座位的数量不同的轿车，其排列座次的方法是有所不同的。在乘坐同一种轿车时，驾车者的具体身份也会对排列座次产生一定影响。

另外，乘坐轿车时，嘉宾的本人意愿是置于首位的。在正式场合乘坐轿车时，应请尊长、女士、来宾就座于上座，这是给予对方的一种礼遇。但是，当嘉宾本人表达出选择座位的意愿时，嘉宾坐在哪里，即应认定哪里是上座。即便嘉宾不明白座次，坐错了地方，轻易也不要对其指出或纠正。

六、情景图解乘车座次礼仪

1. 下图是丹丹职场中经常共同乘车的人员：

①公司刘总

②梦梦经理

③外商如如

④丹丹

⑤专职司机

在乘车座次的顺序基本以序号排序为尊卑的方式。在并列的梦梦经理和外商如如的座次安排上，有时会视具体情景有对调的变化。

14-1 丹丹乘车情景人物图

丹丹学礼仪

2. 下图是当一人外出商务工作，由专职司机开车时的座次。此时，专职司机的工作岗位是驾驶位。丹丹或者梦梦经理坐在上位较为妥当。

14-2 专职司机驾车，丹丹乘车示范图

14-3 专职司机驾车，梦梦经理乘车示范图

第三章　学习礼仪
通过实践达到掌握

3. 下图是当两人外出商务工作，由专职司机开车时的座次。

此时，专职司机的工作岗位是驾驶位。丹丹坐在副驾驶位，外商如如（或梦梦经理）坐在上位较为妥当。但是，如果外商如如（或梦梦经理）要求丹丹同坐后排便于交谈，则丹丹应坐在梦梦经理左侧的次位。

14-4 专职司机驾车，丹丹与外商如如乘车示范图

14-5 专职司机驾车，丹丹与梦梦经理乘车示范图

129

4. 下图是当三人外出商务工作，由专职司机开车时的座次。

此时，专职司机的工作岗位是驾驶位。丹丹坐在副驾驶位上，外商如如坐在上位，梦梦经理坐在次位较为妥当。

14-6 专职司机驾车，丹丹与如如、梦梦乘车示范图

5. 下图是当丹丹与刘总两人外出商务工作，由刘总亲自开车时的座次。

此时，刘总坐在驾驶位。丹丹应坐在副驾驶位上陪伴。这个座次适用于丹丹公司其他人单独乘坐刘总亲自驾车的情景。另外，当刘总的朋友（或男性伙伴）要乘坐刘总亲自驾驶的车辆时，丹丹应引导刘总的朋友（或男性伙伴）坐到副驾驶位上。

第三章　学习礼仪
通过实践达到掌握

14-7　刘总驾车，丹丹乘车示范图

14-8　刘总朋友人物图

131

14-9 刘总驾车，朋友乘车示范图

6. 下图是当多人乘车，由刘总开车时的座次。

此时，刘总是驾驶位。刘总的朋友（或男性伙伴）坐在副驾驶位上，梦梦经理坐在上位，丹丹应坐在梦梦经理左侧的次位。

14-10 刘总驾车，多人乘车示范图

七、专职司机驾车与上级驾车尊卑座次的区别

1．双排四人座轿车

当专职司机驾车时，则其座次由尊而卑依次应为：后排右座、后排左座、副驾驶座。

当上级驾车时，则其座次由尊而卑依次应为：副驾驶座、后排右座、后排左座。

2．双排五人轿车

当专职司机驾车时，则座次由尊而卑依次应为：后排右座、后排左座、后排中座、副驾驶座。

当上级驾车时，其座次由尊而卑依次应为：副驾驶座、后排右座、后排左座、后排中座。

3．三排七人座轿车

当专职司机驾车时，则其座次由尊而卑依次应为：中排右座、中排左座、副驾驶座、后排右座、后排左座、后排中座。

当上级驾车时，其座次由尊而卑依次应为：副驾驶座、中排右座、中排左座、后排右座、后排左座、后排中座。

八、乘车礼仪的禁忌

与其他人一同乘坐车辆时，车辆被视为一处公共空间。要对个人的行为举止多加约束，不能过于随意。应注意：

1．忌争抢座位。上下轿车时，要井然有序、相互礼让，不要推推搡搡、拉拉扯扯，尤其不要争抢座位，更不要为自己的同行之人抢占座位。

2．忌动作不雅。在轿车上应举止优雅，切勿东倒西歪。穿短裙的女士上下车最好采用背入式或正出式，即上车时双腿并拢，背对车门坐下后，再收入双腿；下车时正面面对车门，双脚着地后，再移身车外。

3．忌不讲卫生。不要在车上吸烟，乱吃食物，也不要随手往车外乱扔

丢东西、吐痰或是擤鼻涕，也不要在车上脱鞋、脱袜、换衣服，或是用脚裸蹬踩座位，更不要将手或腿、脚伸出车窗外。

4. 忌不安全。不要与驾车者交谈，安全第一，不让驾车者接听电话或阅读书刊。在开、关车门时，不要弄出声响、防止夹伤。当上下车、开关门时，要先看后行，切勿疏忽大意。

5. 不勾肩搭背。与恋人、配偶乘车时，不应表现得过于亲热，勾肩搭背、搂抱亲吻等行为都应该避免出现。

6. 不碰撞他人。若有可能，应与其他人的身体保持一段距离，避免因为车辆摇晃或自己不小心碰撞、踩踏了别人。任何时候，都不要用手去推、撞别人。

14-11 梦梦经理驾车，丹丹乘车示范图

第三章　学习礼仪
通过实践达到掌握

14-12 梦梦经理驾车，丹丹乘车示范图

乘车礼仪视频链接

135

15. 乘电梯安全应该放首位

"老师，我做了精心的准备，可是还是没能完美地完成任务。"丹丹悻悻地嘟着嘴说。

老师看着昔日里好学成长的丹丹如今垂头丧气的样子，也忍不住乐了："哎哟，又有什么事情难着我们丹丹啦？"

"也没什么。"看老师一乐，丹丹又活跃调皮起来，"前几天，美国商务集团的乔女士来访我们公司，我们公司做了一整套的商务考察行程规划，公司把业务讲解、行程安排、翻译陪同的任务交给了我，我任务完成得可好了，乔女士整个行程十分放松和满意，刘总还专门表扬我了，只是我自己遇到一个礼仪问题还是没搞明白。"

"嗯，很好！"老师赞许地示意丹丹继续讲下去。

"当天，我们在公司走访了很多部门，也进出了很多次电梯，我按照教科书上教过的，进出电梯时一直也都进行得很顺利。可是到了下班的时候，我送乔回五星级酒店入住，一进电梯我就蒙了——这家酒店的电梯是24小时备专职电梯员！这可出乎了我的意料，以往乘坐电梯的经验也似乎不顶用了。好在就我和乔两个人，我不动声色，糊里糊涂混过去了。哎呀，老师，下次碰到这种情况，正确的方式是什么呀？"

"你先说说坐电梯会碰到怎样的不利状况。"老师问道。

"担心门夹着客人……"丹丹快嘴便接了过去。

"然后呢？"老师提示说。

第三章　学习礼仪
通过实践达到掌握

"所以进电梯出电梯，我都是特别注意护着电梯门，让客人顺利进出。"丹丹认真地回答。

"你做得很好！"老师表扬道，"你除了防止门夹着客人，是不是每次在电梯里都把最好的位置让给客人站？每次进出电梯时用语言提示客人注意，并保护好梯门开关以便利客人进出呢？"

丹丹的眼睛瞪得大大的："老师，你怎么好像在现场看到了一样？"

"乘坐电梯要注意的是安全优先意识，乘坐时以尊者为先，便于控制电梯运行安全才是最关键的要点。"老师接着说，"除了公务接待乘坐之外，公共场合乘坐电梯也要注意进出的顺序。进入时要讲先来后到，出来时则应由外而里依次而出，不可争先恐后。讲究尊者为先原则，与尊长、女士、客人同乘电梯时，应主动后进后出。回到最开始你的问题，其实社交礼仪活动有着丰富的变化性，只要本着敬人的原则，面对一些复杂的乘坐电梯环境时，不用过于拘泥，不要因为死板遵守教条而延误乘梯时机，进而产生安全隐患。"老师说道。

"嗯嗯。"丹丹使劲点着头，"对客人运用敬人原则，对电梯员也应该使用敬人原则，这种情况下，电梯员的职责便是操作电梯，我只要说麻烦你，我们到78层，谢谢！"

"对！"老师与丹丹互相看了一眼，会心地笑了。

【仪礼综观】——"乘电梯礼"

电梯是特殊的乘载交通工具，与人们的日常生活密不可分。安全得体地乘坐电梯能够维持良好的通行秩序，能在公共场合给他人留下美好的印象，也能感染更多的人遵守电梯礼仪。遵循乘电梯的礼仪规范是社会礼仪的必修课。文明、和谐、有序地遵守社会礼仪需要每一个公民的自律。

丹丹学礼仪

图15-1 丹丹电梯礼示范图

图15-2 丹丹电梯礼示范图

第三章　学习礼仪
通过实践达到掌握

一、乘电梯的总体规范

1．安全第一

安全第一，生命至上。电梯作为特殊的乘载工具，其运作方式有自动机械性的特点。如果违背这种机械模式的运动轨迹，很容易出现安全隐患。乘坐电梯必须牢记安全宗旨。当电梯门开始关闭时，不要扒门或是强行挤入。尤其当电梯内载客已满时，应该耐心等待下一趟。有些人争分夺秒地冲进电梯，为了抢先一分钟就罔顾规则和礼貌，这种行为特别容易发生安全事故。

同时，当电梯在升降途中因故暂停时，不要惊慌失措，大喊大叫，应该保持冷静，马上采取紧急措施，拨打电梯内的紧急电话，简短说明具体情况，然后耐心等候维修人员施救。

2．出入礼仪

（1）电梯门口处，如有很多人在等候时，请勿挤在一起或挡住电梯门口，以免妨碍电梯内的人出来。

（2）应先让电梯内的人出来之后再进入电梯，不可争先恐后。

（3）与不相识者同乘电梯，进入时要讲先来后到，出来时应由外而里依次而出。

（4）与熟人同乘电梯，尤其是与尊长、女士、客人同乘电梯时，出入顺序则应视电梯具体情况而定。

（5）进入有人管理的电梯时，尊长、女士、客人应先进先出。

（6）进入无人管理的电梯时，尊长、女士、客人则在主方一人之后进入或走出电梯间。

3．以礼待人

（1）在电梯里，尽量站成"凹"字形，挪出空间，以便让后进入者有地方可站，进入电梯后，正面应朝电梯口，以免造成面对面的尴尬。在前面

139

的人应站到边上，如果必要应先出去，以便让别人出去。

（2）当伴随客人或长辈乘坐电梯，可先行进入电梯，一手按"开门"按钮，另一手按住电梯侧门，礼貌地说"请进"。进入电梯后，按下客人或长辈要去的楼层按钮。若电梯行进间有其他人员进入，可主动询问要去几楼，帮忙按下。到达目的楼层，请客人或长者先出电梯。

（3）在乘坐电梯时，要保持自律，不可有粗鲁的举止，考虑到是公共场合，每个人之间的距离非常近，话题或公或私都不适宜，所以不要谈论他人隐私或是商业机密，尽量保持安静。

二、乘电梯的场合

1．与上司共乘

电梯是公共场合，遇见上司时，热情要适度，礼貌地道声"你好"就可以了，不要嘘寒问暖说个不停，不然就有阿谀奉承的嫌疑，反而会招致领导的反感。除了必要的问候，建议你不要随意开口，一般由上司来打破沉默或是发起话题比较好，否则有可能打断上司正在思考的问题。

一般不要向上司汇报所遇到的难题，可在电梯里说些与老板相关、老板又知之不多的事情，如客户处新发生的事情。如果上司跟你聊起家常，那你应该多表现得积极有热情，或者用上一点幽默，对领导的关心表示感谢。记住，不要在公司电梯里有第三者的情况下与上司谈上司的家事。

身为下属的你最好站在电梯口处，以便在开关电梯时为上司服务。而上司的理想位置是在对角处，以使得两人的距离尽量最大化，并卸下下属的心理负担。

出入有人控制的电梯，你应后进去后出来，让上司先进先出。把选择方向的权利让给地位高的人或客人，这是走路的一个基本规则。当然，如果上司初次光临，对地形不熟悉，你还是应该为他们指引方向。出入无人控制的电梯，你应先进后出并控制好开关钮。酒店电梯设定程序一般是30秒或者45

秒，时间一到，电梯就走。有时上电梯的人较多，导致后面的人来不及进电梯，你应控制好开关钮，让电梯门保持较长的开启时间，避免给后面的人造成不便。

2．与客人共乘

伴随宾客或长辈来到电梯门前时，先按电梯呼梯按钮。轿厢到达厅门打开时，若客人不止一人时，可先行进入电梯，一手按开门按钮，另一手按住电梯侧门，礼貌地说请客人们或长辈们进入电梯轿厢。

进入电梯后，按下客人或长辈要去的楼层按钮。若电梯行进间有其他人员进入，可主动询问要去几楼，帮忙按下。电梯内可视状况是否寒暄，如没有其他人员时可略做寒暄，有外人或其他同事在时，可斟酌是否必要寒暄。电梯内尽量侧身面对客人。到达目的楼层时，一手按住开门按钮，另一手做出请出的动作，宾客走出电梯后，自己立刻步出电梯，并热诚地引导行进的方向。

图15-3 丹丹电梯礼示范图

图15-4 丹丹电梯礼示范图

三、乘坐电梯其他方面礼仪

1. 乘坐自动扶梯，应靠右侧站立，空出左侧通道，以便有急事的人通行。应主动照顾同行的老人与小孩踏上扶梯，以防跌倒。如须从左侧急行通过时，应向给自己让路的人致谢。

2. 乘坐厢式电梯，应先出后入。如果电梯有司机，应让老人和妇女先进入。如无电梯司机，可先进入轿厢操控电梯，让老人和妇女后进电梯以确保安全。先进入轿厢的人要尽量往里站。与同乘电梯人不相识时，目光应自然平视电梯门。在电梯里不高声谈笑，保持安静。

四、国外乘电梯的礼仪习惯

日本坐电梯分"上座"和"下座"。"上座"是在电梯按钮一侧最靠后的位置，其次是这个位置的旁边，再其次是这个位置的斜前方，最差的"下座"就是挨着操作盘的位置。因为这个人要按楼层的按钮，相当于"司机"。大家一般会把"上座"让给领导或老人，一些年轻人进入电梯后，则会主动站在"下座"的位置。

美国人进入电梯后习惯反复按"开门键"等人，直到确认无人进电梯，才会松开"开门键"，不过，没有人会去按"关门键"，因为在美国人心目中，一进电梯就按"关门键"的人代表了粗鲁和刻薄。

在法国，一些历史悠久的饭店里会有一种特殊的电梯：除了轿厢内的装潢非常华丽外，这种电梯最大的特点还有舒适的软座。搭乘这样的电梯时，法国人会把座位让给老人、孩子或女士。此时，抢座是一种极不礼貌的行为。

五、职场的电梯礼仪禁忌

1. 站在近电梯门处，妨碍他人进出。
2. 面朝门的方向站立，把脊背对着电梯里的其他人。
3. 不依先后顺序进出电梯，横冲直撞，目中无人。
4. 不等待即将快步到达者而迅速关闭电梯门。
5. 电梯里大声喧哗或大声打电话。
6. 吸烟和过度使用香水。

乘电梯礼仪视频链接

第四章

学习礼仪
领悟内涵提高素质

丹丹学礼仪

　　丹丹作为公司培养的后备管理团队成员之一，即将奔赴海外市场工作。丹丹意气风发，踌躇满志，决心开拓出一片广阔的天地！然而丹丹也深知，除了技术创新、项目运作，融入当地的行为认知，表达友好善意，共识美好愿景也是成功必不可少的关键要素。丹丹专门抽了充足的时间，继续拜访老师，抓紧储备礼仪知识，为即将到来的挑战做好准备。

　　这一时期，丹丹成为了独当一面的骨干人才，面对的环境与挑战更为复杂。老师提示丹丹注重礼仪的原则，理解并体会礼仪的核心价值与目的。通过场景分析、借古鉴今、举一反三等方法，运用绘场景、寻出处、讲故事、套理论等形式，带领丹丹探索礼仪的奥妙，帮助她慢慢成长为一个掌握礼仪技巧的丹丹、一个从容自信的丹丹。

16. 平等原则有助于和谐共处

【情景演绎】

"丹丹，你在想什么呢？"看到丹丹若有所思的样子，老师问道。

"我在想昨天我们几个同事一起吃饭的情形，说不出什么特别的地方，就是有点不舒服……"

"你把过程描述一下。"老师说。

"昨天，我们几个同事相约去特色餐厅吃饭，点菜时说好了大家一人点一个菜。飞飞抢先点了个香辣蟹，张婧皱了皱眉头：'呃，我嗓子疼吃不了辣的。'飞飞抢着说：'没事的没事的，吃点辣的以毒攻毒，嗓子明天就好了。'"

"轮到了我点菜，我点了个青笋炒毛豆，这道菜我有特殊的情结。小时候外婆常做给我吃，谁知道飞飞又说：'在饭店吃什么毛豆呀！服务员，我们换一道菜。'我不好争执，但心里虽有些不快，也只好任由着她帮我另点了一道菜……总之，最后菜基本上是飞飞点的。她吃得挺欢，我们另外几个很郁闷。老师，这里面和礼仪有关系吗？"

"社交礼仪是有着特定对象和特定环境的。首先我们来看看一起吃饭的几位同事的社会关系。"

"老师，我们之间是不是你曾说过的平行的对等关系？"丹丹回答道。

"是的，既然是平行的对等关系，那么权利义务也应该是均等的，另外，你们吃饭前就点菜这一行为的约定是什么？"

丹丹学礼仪

"一人点一道菜！"丹丹叫了起来。

"在礼仪行为中，平等原则是很重要的一环。飞飞不经社交关系方协商便擅自更改约定，这在社交礼仪行为中是不礼貌的做法。"

"嗯嗯，当时我就想，我吃海鲜过敏，她点了香辣蟹……我都没出声，凭什么她要帮我点菜，我真是略有不爽。原来她抢占我的权利，不懂礼仪，没有礼貌。"

丹丹开玩笑似的强调着"礼仪""礼貌"两个词。

"虽然每人点一个菜是你们约定的，点香辣蟹是属于飞飞的权利。但当张倩表示吃不了辣的时，那么，飞飞的回应是否完全符合社交礼仪，难道就没有一点礼仪上的疏忽吗？"老师又问。

"老师，老师，你还是快和我讲讲！"丹丹央求着老师，着急地想知道答案。

"在礼仪行为的实施中，人们通常推崇'先人'原则，即注重交往对象的感受和禁忌。你们各自点菜，集体分享，是一种礼仪行为上的约定。如有人提出异议，应适度考虑总体的感受。你在飞飞反对吃毛豆时，适度让步，表现得很好。"

"我真的做得好吗？"丹丹十分高兴地欢呼起来。

"挺好的。来，老师给你讲个故事。"老师接着说。

【旧故新知】胯下之辱看平等

"这是秦朝开国大将军韩信在少年时期的经历。当时韩信正在街市游走，突然，一泼皮少年发难韩信，声称要韩信若不然从胯下钻过，若不然拿剑刺他。"

"这是有关韩信的著名故事——胯下之辱！"丹丹显然对这个故事十分熟悉。

可令丹丹没有想到的是老师话锋一转，犀利地问道："丹丹，倘若你是

第四章　学习礼仪
领悟内涵提高素质

韩信，你会怎么样？"

丹丹一下犯了难，脑海里浮现出屈辱的画面，思想紧张地斗争着，过了良久，丹丹抿着嘴倔强地说："我宁死也不会伏地钻胯过去！"

"为什么？"老师追问了一句。

"屈人胯下，承他人屎尿污秽！即使是父母，尊长也不会要求我们这么去做，更何况平等的人！这是奇耻大辱！"丹丹激动地几乎嚷着说。

"非常好！"老师也禁不住大声地表扬道。

"强人于胯下，抹人于黑脸是破坏平等尊重的极端行为，是社会礼仪法则所不容的！有些时候，我们会因为懦弱而去妥协，然后给自己找理由，说什么韩信尚可承胯下之辱。其实，这是谬误！强人于胯下可恶，受人于胯下可悲。"

"太好了！老师，听你这一说，我心里真感到轻松了。我还真怕老师让我学韩信的承胯下之辱呢！"

老师摆了摆手，说："实际上，韩信选择胯下之辱有他的理由。"

"哦？"丹丹眼睛瞪得大大的。

"首先，当时韩信若不选胯下之辱恐有性命之忧。他心中有大志，为大志可丢掉世俗的荣辱，这是非常人所能的。其次，韩信内心中并不是认可施辱者的志向与他是平等的，不愿以命相搏，彰显了他从小就有着与众不同的军事才略：避其锋芒，以退为进。"老师慢慢地分析道。

"嗯嗯。"丹丹认真地听着，拼命地点头认同。

"有些伟人的经历与众不同，他们的成功而得到人们反复的传颂。这种传颂又使得他们一些特殊的行为而得以放大。试问，如果韩信后来没成为大将军，他在小伙伴口中的形象是什么样子的？"老师看着丹丹问。

"是懦夫！"丹丹感叹着说，"我想，韩信一定至死都不会原谅这个人！将来，在工作中，真的要注意平等尊重呀！"

149

【举一反三】

老师点点头，稍微思索了一下，说："丹丹，在中国传统成语中学习礼仪是老师正在挖掘的新课题。给你10分钟，你在中国成语中找出对应礼仪中平等原则的成语，正反义各一个，一会儿老师要问你。"

说完，老师走到书房的另一边写毛笔字去了。

丹丹飞快地开动着脑筋，时而翻阅老师的词典，时而用手机搜索着关键字，时而在笔记本上记录下相关内容，到了10分钟，丹丹放下笔抬头找老师时，却发现老师早已静静地站在身后，看着她笔记上的内容。

"老师，我觉得这些与礼仪的平等原则有关。"丹丹递过笔记本，上面大概列出10个成语。

老师用笔勾了其中两个，说："你解释一下。"

丹丹接过笔记本一看，其中"厚此薄彼"、"一视同仁"被毛笔墨迹鲜明地突现出来。这两个成语对比地放在一起，仿佛一个尖巧刻薄的人和一个宽厚慈祥的人站在一起，活灵活现！

丹丹理顺一下思路说："这两个词有着共同的行为场景，是在三方或三方以上的社会关系交往中发生的行为表达，是主体方表达的行为结果。其中，'厚此薄彼'一词出自《梁书·贺琛传》：'所以然者，出嫁则有受我，出后则有传重，并欲薄于此而厚于彼，此服虽降，彼服则隆。'词义的解释为：重视或优待一方，轻视或怠慢另一方。然而，这种不平等的对待方式，在社会活动中并不得到认可。明·袁宏道《广庄·养生主》：'皆吾生即皆吾养，不宜厚此薄彼。'就是对这种方式持批评的态度。"

丹丹顿了顿，接着说："反观成语'一视同仁'，展现出的则是对平等原则的更高境界诠释。'一视同仁'一词出自：唐·韩愈《原人》：'是故圣人一视同仁，笃近而举远。'词义解释原指圣人对百姓一样看待，同施仁爱。后多表达对人同样看待，不分厚薄。平等态度让社会交往各方处在和谐

第四章　学习礼仪
领悟内涵提高素质

友爱的状态，容易达到良好的社会交往目的。这是人们在社会礼仪进化中智慧的选择。所以，在现代化的社会礼仪活动中，要从我做起，遵循礼仪的平等原则，对不同背景的人要'一视同仁'，不要'厚此薄彼'。"丹丹完整地回答完，期待着老师的评语。

【鉴古晓礼】

"非常好！"老师赞许地点点头，"平等待人是优良的品德，历史上往往被传为佳话。在战国时期，赵国平原君赵胜乐善好德，当时，许多有本事的人都争当平原君的门客，而平原君总是很平等地善待这些门客。大家既然做了门客，总是愿意展露才华，许多有能力的门客做出一些有影响力的成就，希望能助平原君一臂之力。同一时期，一个名叫毛遂的人也是平原君赵胜的门客。他平日里不太喜欢出风头，一直默默无闻。久而久之，有人甚至把'毛遂是混白食的'这样的话传到平原君那里。但平原君并不在乎，对毛遂就像对每个门客一样相敬如宾，平等对待。就如前面两个成语说的：一视同仁，不厚此薄彼。毛遂很感动，并记在心里，想着有朝一日一定要回报平原君。到了赵惠王的时候，秦兵围攻赵国都城邯郸。赵王就派平原君到楚国搬救兵。平原君知道此行任务艰巨，楚国不会轻易答应出兵救援，很可能还会有危险，于是准备带20个门客一起去楚国。此时，毛遂自告奋勇随行。在关键时刻，毛遂挺身而出，凭着自己的大智大勇，终于说服楚王答应出兵救赵。事后有人问毛遂为何临危不惧，毛遂这样说：'在我还没有建树与成就的时候，平原君尚能像对其他门客一样礼遇待我，知遇之恩，必当回报，虽万死而不能辞。'"

听到这里，丹丹不由得感慨地说："这就是礼的境界、礼的力量！平原君平等待人的仁德在国家危难之际得到了最好的回报！从成语中学礼仪，以古鉴今，真是学无止境呀！"

丹丹学礼仪

图16-1 丹丹、梦梦和如如平等关系合图

图16-2 丹丹、梦梦和如如平等关系合图

图解：
　　丹丹、梦梦和如如都是老师的学生，在老师面前她们之间是平等关系，因此图片站位应该是水平面站位。

第四章　学习礼仪
领悟内涵提高素质

17. 适度原则取决于双方共识

【情景演绎】

"老师好。"与往常的雀跃略有不同，丹丹有些沮丧地向老师问候到。

"丹丹好！你又遇到什么问题了吗？"老师微笑着说。

"也说不上什么问题，嗯，或者说，不是什么问题。"

"哦？"听到丹丹这么说，老师也产生了兴趣，"那说来听听。"

"昨天设计部的刘经理指导我做方案，因为这个刘经理也是我的学长，所以我们一开始就觉得拉近了距离，很快进入了工作状态，可是，可是……"

"可是什么？"老师关切地鼓励丹丹说下去。

"可是后来也不知是刘经理研究方案太过投入还是怎么的，他越说身体越靠近，我觉得有些不舒服，又不知该怎么办。后来他靠得太近，鼻子尖突然碰到了我的耳朵！我条件反射地猛地向后闪了一下，神情又尴尬又羞恼。两人都怔了一会儿，很是尴尬！这方案还没研究完就只好草草收场了。唉，我也不知道在哪儿出现了问题！"

"确实出现了问题，而且这个学习点非常关键！"老师很明确地指出。

"哎呀，老师你快说说！我还愁该不该向你说呢！"丹丹一扫刚才的沮丧，用充满求知的双眼明亮地望着老师。

老师并没有着急进入主题，而是说："丹丹，你靠近老师坐一些。"丹丹听话地往前挪了一下。

老师继续说："再往前。"

丹丹虽然丈二和尚摸不着头脑，但还是往前挪了一下，感觉离老师很近了。

153

没想到老师还在说："再往前。"

丹丹踌躇了一下，还是往前微微靠了一下，感觉两人之间，呼吸都听得到，眼神也不知该往哪里看，不禁十分局促，又不知所措。

老师提示丹丹注意细节："丹丹，现在退到离老师一臂之遥的位置。"

丹丹往后退到位子，瞬间整个人轻松起来，似乎明白了老师的用意，眼睛亮了。

老师看着丹丹说："注意现在的距离，如果我们相互愿意，我们的手便可以触碰到一起。如果只是单方面抬手，而另一方面不回应，则单方的举动触及不到对方的身体。"

丹丹抬起手臂比画了一下，叫了起来："真的耶！"

"这就是适度的社交距离礼仪。"老师微微一笑。

丹丹想了想说："对呀，老师你曾经讲过，礼仪的行为一定是有施礼和受礼的对象才能成立，双方认可的行为，才是符合礼仪行为的需求，而适度能让社交各方感到愉悦和谐。"

"是的。"老师接着说，"从适度原则出发，在距离礼仪的判定上，往往以人的一臂之遥为适度距离的尺度，这样我们就容易理解为什么社会活动中，一臂之遥是舒适的状态，那是因为双方均可控自己的行为表达。一臂以内是亲密行为，两臂之外是疏远。"

丹丹敬佩地看着老师："我现在明白为什么闺密间可以牵手而行，好哥们儿之间可以搂脖拥抱，而对不喜欢的人会躲得远远的了……没有想到在不同的社交礼仪关系中，适度原则对不同距离的把控还有这样有趣的秘密。"

"社交礼仪中，心理和行为上的互动也是人际关系一般结构的要素之一。而适度原则的运用使礼仪行为有了依据，在社会实践中起着重要的作用。"老师又专门强调了一下。

第四章　学习礼仪
领悟内涵提高素质

【旧故新知】——坐怀不乱懂适度

"老师，你给我讲个故事呗！"丹丹调皮地央求道。

"好，就讲一个柳下惠坐怀不乱的故事。"老师说。

"春秋时期，当时柳下惠年龄26岁，正值方刚年华。有一日他远行，见天色已晚，便夜宿郭城外。那天，天气十分寒冷，据说冷入肌骨，体弱的人很可能被冻死。正在此刻，有一女子衣着单薄，冻得发抖地路过此处，见到年轻的柳下惠身着大衣，便也不顾矜持，向前请求柳下惠说：'我快冻死了，请求你让我抱着你取暖。'"

老师顿了顿，看着听得入神的丹丹问："说到这儿，你发现什么问题了吗？"

"哦，哦……"丹丹忙回过神来，"陌生男女之间，非亲非故，又非情侣，贸然肌肤相亲，违背当时社会对男女授受不亲的共识，从社会礼仪的行为来看是有问题的。"

"那么，如果换到你，濒临这样的生死绝境，你也会像那女子一样突破禁忌，寻求帮助吗？"老师不动声色地将了丹丹一军。

丹丹低下头沉思，不断地咬着嘴唇，过了半晌，才满脸羞红地小声说："可能也会这样。"

"那么，如果柳下惠为了自身名誉而拒绝呢？或者柳下惠心怀不轨而后不敬呢？"老师又追问一句。

"哎呀！"丹丹急得直跺脚，"老师，你快说吧，快说吧！"

"众所周知，当时柳下惠令女子坐于怀中，将大衣包裹端坐，一夜纹丝不动，无有不轨。既保了女子的性命，又用自己的清节，为正人君子的道德行为做了正面的榜样！"老师继续讲解道。

丹丹听到这儿很激动，她看着老师说道："用礼仪知识的角度来看柳下惠坐怀不乱，让我又一次感受到礼的力量、礼的高洁！怪不得柳下惠以生命为尊，名声从之的义举后来得以广泛流传，被视为圣人的典范呢！"丹丹说到这儿，似乎又想到了什么，激昂的情绪缓了下来，"不过，我觉得那女子主动提出拥抱取暖，突破礼仪禁忌，还是太被动了！"

"对！所以每个人最好的礼仪行为就是任何情况下有预见，早准备，保持安全适度，避免绝境。"老师赞同地强调了一下。

"嗯，以后我也要注意规划，做好各种应对措施，避免出现特殊情况时，又狼狈又丢脸。"丹丹说着，仿佛心中有数，愉快地笑了起来。

【举一反三】

"还是围绕礼仪原则中的适度原则找出相应的成语吧！"老师交代了丹丹后，修剪自己的花草去了。

有了上次的经验，丹丹把范围收得更小一些，延展相关的背景，扩大了搜索范围。等老师弄完花草回来她也准备得差不多了。

"说说吧。"老师坐下来，微笑地对丹丹说。

"老师，你看，我将范围缩小到这两个。"丹丹递上手中的笔记本。

老师接过来，一字一句地念道："过犹不及、恰到好处。嗯，很好！这'过犹不及'出自《论语先进》，孔子的学生子贡问：'师与商也孰贤？'孔子回答：'师也过，商也不及。'子贡又说道：'然而师愈与？'孔子回答：'过犹不及'。"

"老师，孔子教给学生的道理是事情做得过头，就跟做得不够一样都是不合适的，可以这样理解吗？"

"就是这么理解的。人们之所以在社会活动中讲究礼仪，最终的目的是在遵守共同认可的礼仪原则的基础上，达到交往的和谐与愉悦。不考虑交往方的实际感受，不考虑交往环境的特殊变化，过分地热情，妨碍了交往方的迫切状况，过犹不及的效果还不如不做。打个比方，有个人拉肚子着急上厕所，路上遇着一个人热情迎上来攀谈，这个人完全不顾及对方的捂肚子、跺脚、面部痛苦的神情，一味示好套近乎，你觉得这个套近乎能起作用吗？"

"能有什么作用呀！都尴尬死了，以后见着他都要躲得远远的。"丹丹连连摇头说。

第四章　学习礼仪
领悟内涵提高素质

"对！这就是过度带来的负面作用。再看看这个词——恰到好处，"老师示意丹丹说。"这个词的出处是清·王士祯《带经常诗话》：'元倡如初写黄庭，恰到好处；诸名士和作皆不触及。'可以这么解释：说话做事正好到了最合适的地步。"丹丹把准备的内容向老师陈述道。"请注意，这恰到好处上的'好'，指的是什么好？"老师提示道。

丹丹仔细地琢磨了一会儿，突然明白过来："这个'好'指的是交往对象的感受好！能够观察到对方的感受，重视到对方的感受，适度把握表达的时机和内容，适时地控制表达的宽度，那是一种高超的礼仪尊重！"

【鉴古晓礼】

"是的，同样是以和谐愉快为交往目的的社交礼仪活动，过犹不及与恰到好处的实际效果相去甚远。礼仪中的适度原则，是在实践上逐渐形成的规范指引，掌握好了，在工作中，生活中与人相处会变得容易许多……我想起了一个成语故事：邯郸学步。"老师说到这儿，笑着说，"燕国寿陵有个少年，听说赵国人走路的姿态特别优美，于是，不辞路途遥远，专门到邯郸学习当地人走路的姿态。他一到了邯郸，看到当地人走路的姿态就迫不及待学习起来：见到小孩走路活泼可爱，他就学小孩蹦蹦跳跳；见到老人家步态庄重，他就学老人一步一顿地走；见到妇女走路婀娜多姿，他就试着扭腰摆臂地走……不到半个月的时间新的步法还没学会，自己原来的步法也完全忘掉了。最后只好爬着回燕国……其实小孩的步法没错，老人的步法没错，妇女的步法没错，错就错在少年没有'恰到好处'。礼仪行为的表达要符合表达主体的恰当身份，即什么样的人做什么样的事，什么样的人说什么样的话，当然也包括什么的样的人该怎么走。普通的职员拿腔拿调地用领导的口吻说话，只会让同事不舒服。另外，领导过分地和下属亲近，拍肩揽腰讲黄段子也是违背礼仪中适度原则的。学会在日常工作、生活中掌握恰当的度，对树立个人形象、处理好人际关系都非常重要。"

"老师，我明白了。"丹丹尊敬地对老师说。

157

丹丹学礼仪

图17-1 梦梦和老师信任关系合图

图17-2 梦梦和老师信任关系合图

图解：

　　适度关系是以相互间的亲疏关系作为衡量标准的。梦梦是老师的学生，也是老师的事业伙伴，因此图片站位可以较为贴近一些。

18. 遵守原则是社会秩序的基础

【情景演绎】

"老师，昨天我目睹了一个礼仪行为失误产生的严重后果。"坐下后，丹丹便对老师说。

"你说吧。"老师放下手中的笔，看着丹丹。

"是这样的，有一个公司与我们公司已经进行了长达数月的谈判，他们的目标是成为我们公司物料供应商。上个月公司层面的合作细节基本敲定，商议由公司高层草签合作意向。约定签约意向书的那一天，对方代表比约定时间晚到了11分钟，当时，他们的解释是路上遇到塞车。我们公司代表张副总也就没计较什么，爽快地签下了意向书。昨天，正式签协议，他们的代表又迟到了16分钟，理由仍旧是塞车。刘总没有见他们，只是吩咐我回应他们说公司有些细节还要考虑一下，就打发他们走了。我看，这协议多半是黄了，看他们那么辛苦谈判，做了大量准备，最后却因为塞车这个细节而将所有努力付诸东流，真为他们感到遗憾。"

"不用为他们遗憾，不仅是你们公司，换到另一家处于主导、处于业务链条上流的公司也不会签约的。"老师平静地说道，"这是商务礼仪中不遵守约定，礼仪上失礼后必然的代价。"

"嗯，老师，我也同意你的说法，那从礼仪行为的角度该如何分析呢？"丹丹瞪大着眼睛，不解地看着老师。

老师没有直接回答，而是问道："后来刘总有没有告诉你他推迟签约的理由？"

丹丹学礼仪

"刘总只是说不能遵守时间,在同一失误上重复出现失误的公司,是无法与我们公司理念相契合的。"丹丹想了想说道。

"对,遵守,刘总说得对。在礼仪原则中,遵守原则是一个重要的组成部分,遵守原则是个大的礼仪概念,适用于所有的礼仪行为。今天我们探讨的这个情景就是对时间约定的遵守。礼仪行为是受到共同约定,共同认可的规范与约束,是礼仪行为参与各方应该遵守的规则。你想想,如果你不能按约定与重要客户进行重要的会面时,你的客户会是怎么样的感受?"

丹丹说:"客户会觉得我不重视会面,会觉得不受尊重,会不高兴。"

"对!我们千万不要忘了礼仪的根本目的,你念念这一段。"老师拿过一本礼仪工具书,查了一下目录,指着其中一段。

"礼仪的目的是实现社会交往各方面的相互尊重,从而达到人与人之间关系的和谐。"丹丹一字一句地边念边体会着。

"遵守的原则体现在对规则的遵守、对秩序的遵守、对各种礼仪行为规范的谨守。违背了遵守原则,将会对礼仪中的尊重与和谐产生冲击,进而带来负面的结果。"老师再次讲解着。

"是呀!"丹丹还是不无惋惜地说,"我想,他们因为不能遵守时间约定而导致合作失败,这代价够大的了!"

【旧故新知】

"遵守体现在对各种规则的自我约束,有个例子很有意思。"老师示意了一下,接着说,"在中世纪的欧洲,君主拥有至高无上的权力。话说一天,有一个国王在自己的皇宫俯视着自己的领地,在阳光下,成熟的农作物一片金黄,风景壮观而宜人。这时,国王看到在原野上,那孤零零的陈旧的水磨坊与这大好景观极不协调,于是下令把磨坊拆除。之后,磨坊的主人,一名当地的贫穷农夫将国王告上法庭。令人震惊的是:法庭判定国王败诉,并责令国王在原地按原貌重建水磨坊。"

"老师,国王是一国至高无上的君主,这法官还真大胆呀!"丹丹调皮

第四章　学习礼仪
领悟内涵提高素质

地打趣道。

"是的，当时国王也是十分震怒，认为法官藐视了自己的权威。但法官有礼有节地说出自己的依据：尊敬的国王，你时常要求我们要保护每个臣民的权利，强调遵守法律原则是治理国家的基础，是社会秩序稳定、国家强盛的保障。我认为，你更应该为遵守原则做一个好的榜样。"

"太好了！太好了！"丹丹雀跃起来，"那后来呢？"

老师笑着说："国王不但遵守了法律裁决，还重建了水磨坊，并立下誓言自己以及自己的子子孙孙永远遵守承诺，不违背磨坊者的意愿去强行改变。"

"遵守原则是社会秩序得以和谐共存的基础。"丹丹若有所思地重复着这句话，然后说，"老师，我明白了，那些在公共场合大声喧哗、排队加队等陋习也是破坏遵守原则的行为，是不符合公共礼仪表达要求的。遵守原则将成为我的行为准则，牢记在心……"

【举一反三】

"遵守原则除了体现在对公共规则的认同与执行，对于个人则更多体现在信守诺言的誓约精神上。老师挑了两个成语，一个是'一诺千金'，一个是'背信弃义'，你好好去理解一下。"说完老师到一旁训练空地打太极去了。

丹丹陷入了思考，这一年来工作中接触的人和发生的事，如电影影像一样浮现在脑海。用礼仪遵守原则作标准，结合"一诺千金"与"背信弃义"的行为印象，一些成功卓越的人，一些投机失意的人，竟奇妙地与这两个词关联在一起。丹丹一边入神地想，一边为这种奇异的结合惊叹，不由频频点头。

"丹丹，你在想什么呢？"见此模样，老师好奇地问丹丹。

"老师，我想好了，成语'一诺千金'的出处是西汉司马迁《史记·季布栾布列传》'得黄金百斤，不如得季布一诺'，成语解释是：许下的诺言有千金的价值。比喻说话算数，极有信用。另一个成语'背信弃义'的出处

161

是《北史·周纪下·高祖武帝》'背惠怒邻，弃信忘义'，成语解释为：违背诺言，不讲道义。"

"很好！"老师点头道，"先给你讲'信'与'义'的由来。相传古时候有一种神鸟。身具五德之身。头顶上的图纹像个'德'字，翼像'顺'，背像'义'，腹像'信'，胸像'仁'。这戴德拥顺、背义、抱信、履仁是五德之要，是各有位置和秩序的。若是硬要把'信'放在肾，那么只能放弃'义'了。正所谓：颠倒五德之要，违背仁义之根，君子莫为也！"

"哇，背信弃义原来这么大的学问！不遵守共识，便不为世人接受，这不就是礼仪遵守原则的要素嘛！"丹丹啧啧称赞，崇敬地看着老师说道。

老师摆了摆手，接着说："成语'一诺千金'，展示的又是另一种高风亮节。相传秦末楚国义士就是这样一个人，只要是他答应过的事情，无论困难有多大，他都一定设法办好，楚人纷纷传颂：得到季布的一个诺言，抵得上百斤黄金的价值，所以季布在当时深受人们的赞誉。"

"是呀，老师，我工作的时候最不喜欢那些乱许诺的人，事情办不好又诸多借口的人啦！还有，更恨那些为了利益，背信弃义的人。"

丹丹特意将"背信弃义"一词，重重地念了一遍，然后捂着嘴笑了起来。

【鉴古晓礼】

"中国古代有一个纣王，他就是因为不敬畏礼仪原则中的遵守原则而葬送江山的，那就是著名的'烽火戏诸侯'的故事！"老师又讲起了故事，"周宣王死后，周幽王继位。周幽王是一个昏君，只知道吃喝玩乐，不理政事，而且沉迷女色。当时一个叫褒珦的大臣，劝周幽王节制享乐，幽王不仅不听，反而把褒珦判罪关入监狱三年。褒族人为替褒珦赎罪，将貌若天仙的褒姒进献给周幽王，从此，幽王整天与褒姒在后宫饮酒作乐，将朝政抛在脑后。然而，幽王虽然宠爱褒姒，但褒姒性格内向，不喜颜笑，任凭幽王想尽一切办法讨她欢心，褒姒都笑不出来。

"有一天，幽王突然心血来潮，让人在宫外贴一个布告：有谁能逗王妃

第四章　学习礼仪
领悟内涵提高素质

娘娘笑一次，就赏他1000两金子。"

"奸臣虢石得知后，马上向幽王献计。用'烽火戏诸侯'的玩笑来博取褒姒一笑。烽火是古代军情危急时的报警信号，周王朝在骊山上建有20多座烽火台，每隔几里便有一座，专门用来防备西戎的进攻。一旦西戎来犯，烽火台上的烽火会像接力棒一样点燃，一个地点一个地点传下去，附近的诸侯远远见了就会发兵来救援。"

"第二天，幽王兴致勃勃地携爱妃褒姒上了骊山。他们白天在骊山吃喝玩乐，到了晚上，让士兵把烽火台的烽火点了起来。附近的诸侯一见到黑烟滚滚的烽火狼烟，以为西戎兵打来了，立即率兵来援。赶到时，却不见西戎兵的影子，只听到山上丝竹管弦之声。这时虢石父子从山上下来说，大家辛苦了，这里没有什么事，大王和王妃放烟火不过想取个乐，你们回去吧！"

"诸侯从老远跑来，却被幽王耍乐一番，一个个气得肺都要炸了，掉转马头就走。褒姒在山上，借着火光看到诸侯气愤、狼狈的样子，真的笑了一下。幽王瞧见了她这一笑，不由得心花怒放，马上赏给虢石父子1000两金子。"

"幽王十一年（公元前771年），申侯与邻国，犬戎举兵讨伐镐京。幽王下令点起烽火救援，结果各路诸侯对上次的羞辱记忆犹新，加上对幽王昏庸乱政的不满，连一个救兵也没有派。犬戎兵很快攻破周都镐京，把逃到骊山脚下的幽王和伯服杀了，把美貌的褒姒抢走了。"

说到这儿，老师神情严肃地说："烽火戏诸侯，只为博一笑。周幽王拿江山安危当儿戏，沉迷女色，一次两次地戏耍各国诸侯，违背了曾经缔结下的联盟约定，最终导致身败国亡，真是可悲！"

"是呀，真是昏君一个！怎么能为了博妃子一笑拿诸侯开玩笑呢？这是周幽王不遵守规定的后果，也难怪诸侯不再理会他，这个故事值得我们反思学习，不能违背礼仪准则，只有严格地遵守规则，社会才能有序发展，人人才能相处融洽。"

丹丹学礼仪

图18-1 丹丹、梦梦和如如夸赞图

图18-2 丹丹、梦梦和如如夸赞图

图解：
　　遵守是良好的行为表达，值得竖起大拇指称赞。

第四章　学习礼仪
领悟内涵提高素质

19. 真诚原则是打开戒备的钥匙

【情景演绎】

"老师，我真是佩服我们部门的罗部长。"

"又怎么啦？"老师笑着问道。

"罗部长好厉害，完成了一个几乎不可能完成的任务。"丹丹满是崇敬地接着说，"去年，一全球跨国公司有一个深海施工工法项目的技术攻关进行全球科研成果采购。目前，这一施工工法是世界范围内的前沿科研研究，与我公司的科研项目关联紧密。由于，采购项目回报十分优厚，世界各研究机构也纷纷竞标，我们公司更是志在必得！公司领导层很重视，部署公司研究院聚齐精兵强将，不分昼夜地努力攻关。"丹丹喝了口茶水接着说，"无独有偶，同城的海洋大学工程学院的张教授也带领一个科研团队瞄准这一全球采购的项目，也是很有效率地进行着技术攻关。不过，跨国公司最后经过综合评定，选择了我们公司研究院的标书，委托我们研究施工工法方案，张教授的团队与这个项目失之交臂。"

"有竞争才有发展，人类科技文明就是这么进步的。"老师示意丹丹往下说。

"项目确定后，本着共同发展，科研振兴的理念，在刘总主持的公司决策层会议上，公司确定邀请张教授团队共同研究技术攻关，共同分享项目成果，并确定由罗部长与张教授进行沟通。这期间，我作为罗部长的助手，协助他拜访张教授，与其沟通。很多次我们都被张教授拒之门外，甚至，张教

165

授还认为我们之所以找他，是因为无法单独完成施工工法研究，想窃取他的成果，对我们产生了很深的误解。"说到这儿，丹丹停了下来。

"嗯，在这些情形下，沟通应该是非常困难的。"老师若有所思地说。

"是呀！不过，每当我们失望时，罗部长总是鼓励我们。他说只要出发点是善良的，成果是双赢的，相信定会精诚石开！这不，经过几个月的不懈努力，张教授最终愉快地接受公司的邀请合作。同时，项目研究的进度有了质的飞跃。"

老师认真地听着，并不断在点头。

"老师，这在礼仪学中，有对应的解释吗？"丹丹问道。

"有的，你看看礼仪的原则。"老师翻开工具书，"其中有一条真诚原则就是精诚石开最好的注解。丹丹，你有没有想过，你与罗部长在与张教授沟通的过程中，不同时段沟通的内容、原则、方式、底线有什么不同吗？"

丹丹仰起头仔细地想了想，然后摇头说："没有，我们自始至终都是一样的。"

"那张教授之前不同意合作，后来又欣然接受邀请，这又是为什么呢？"老师又问。

"应该是被我们的真诚所打动。"丹丹回答。

"是的。因为真诚原则的实施方是主体，其结果却要通过对应方的表达才能实现。也就是说，当对应方感知、认可、接受了真诚表达的行为，真诚这一礼仪行为的过程才算是完成了。"老师进一步解释。

"哦，我明白了。"丹丹认同地说，"我们常常听到这样的抱怨：自己如何真诚，努力地去理解，去支持对方，可对方却一点反应也没有！真是太伤心了！原来，真诚的行为只有是当对方感知、认可、接受之后真诚的行为才算完成，才有意义啊！"

"所以，真诚是需要有耐心、有毅力的一种礼仪行为。"老师强调说，"真诚行为的特殊在于这种行为是不可以强加与命令对应方接受的。张教授

第四章　学习礼仪
领悟内涵提高素质

之前的抗拒和最后的接纳，只是演变了他对这一行为的判断、认知和决策过程。所以只要足够真诚、有耐心，契合对方真正的感受和需求，精诚石开的说法是有道理的。在中国历史上就有一个关于真诚的故事……"

【旧故新知】

听到老师讲故事，丹丹立刻安静下来倾听。

"三国初期，刘备虽贵为皇叔，但求贤若渴，远近闻名。于是就有人向他举荐了诸葛亮。想当然，刘备便让举荐人将诸葛亮招至行营面议。举荐人却说：诸葛亮是难得的人才，他气节高远，需要你亲自去请才行——三国之前，自周朝以来，中国社会十分讲究礼仪建制。以刘备正统皇叔的身份亲自跋山涉水到山野间拜访一个民间人士，这在当时社会礼仪上几乎是不可能的事。但当刘备了解了诸葛亮的治世方略后，还是决定亲自去茅庐拜访诸葛亮……"

"这就是著名的三顾茅庐。"丹丹接上话说，"那诸葛亮也真是的，居然一而再、再而三地拒绝刘皇叔不见。老师，你说说，这诸葛亮是不是也不讲礼仪呀？"

"问得好！这就是老师要举这个为例，用来剖析真诚原则的原因。"老师赞赏地说。

"老师，你快说，你快说！"丹丹的眼神充满了求知的愿望。

"在社会礼仪文明中，以尊为先是规则的要求，而互敬对等则是理想的方式。刘备身为皇族皇叔，诸葛亮身为民间人士，在当时社会的共识认知中，这两者不是对等关系，是社会关系结构中的尊卑关系和统治者与被统治者之间的关系。但是，当时是特殊历史时期，光复汉室正统，实现天下统一在刘备心目中是最大的尊。为实现这一目的，不为礼仪形式所拘泥，礼贤下士的行为，让世人更明白他的真诚，明白他以国之统一为尊的追求。"

丹丹不服气地说："老师还是没有回答我的问题，我认为主要还是刘备刘皇叔够真诚，不然的话诸葛亮还是闲云野鹤一人……"

"那也倒是。"老师点点头，"正是因为他是诸葛亮！他才有这样的胆略与气度！他洞察到刘备求贤若渴的真诚，明了刘备以国之统一为尊的决心，他才能够让刘备三顾茅庐！他这么做并不是为自己贴金，而是精心的谋略！他通过促成刘备三顾茅庐的行为告诉天下：刘备是有德行的真诚的仁君！"

听到这儿，丹丹真是佩服得五体投地："这诸葛亮不但懂礼仪，还这么巧妙地运用，成为谋略的武器呀！当之不愧为古往今来第一神人！"

"正是诸葛亮擅长运用规则为其所用。所以'三顾茅庐'的故事在漫长的历史长河中，在不对等的社会关系礼仪表达里，成为一个特例、一个孤例，笑为美谈，流传至今。"老师也不无感叹地说。

"老师，我明白了，真诚原则应该成为我将来社会礼仪交往的指导原则，我记住了。"丹丹尊敬地对老师说。

【举一反三】

"对应真诚原则的成语在中国成语典故中数量是很多的，这足见中国社会自古以来对真诚的认识，对真诚的推崇一直都处于重要的位置。一会儿你挑选具有代表性正反含义的成语时，侧重一下真诚的礼仪行为和感受。"老师布置了一下要点，拿起茶杯与一叠打印书稿，到茶台一旁的圈椅审稿去了。

丹丹心情很安静地打开电脑，将《辞海》《中国通史》《史记》等一系列书籍摆放好，按老师指引的方向，在浩瀚的知识海洋中遨游……不知不觉，一个多小时过去了，丹丹有了明确方向，她看了看老师，老师依然在专注地审稿。于是丹丹专门又泡了一壶热茶，用透明的水晶公道杯盛好，安静地为老师的茶杯续上茶，尽量不惊扰老师。

"哦，你准备好了？"老师抬起眼看到丹丹倒茶的动作，以指叩桌回

第四章　学习礼仪
领悟内涵提高素质

茶，又说了声，"谢了。"

"是的，我准备好了。"丹丹轻声地回答。

"好，坐下吧。说给我听听。"老师放下手稿，慈祥地说。

"对应礼仪真诚原则，我挑的第一个成语是'开诚布公'，这个成语的出处是《三国志·蜀志·诸葛亮传》：'诸葛亮之为相国也，抚百姓、示仪轨、约官职、从权制、开诚心、布公道。'可解释为：以诚心待人、坦白无私。打开自己的心扉、真诚待人。"说完，丹丹静候老师的点评。

"好，真诚原则的实施是本体，感受效果在交往对应方。开诚，自己首先打开心扉；布公，希望大家能够接受。这样的行为就是真诚的要素。"老师把成语与礼仪知识点的关联讲解了一下又问，"那反义的成语你挑了哪一个？"

"我挑的是'尔虞我诈'。"丹丹回答道："这个词的出处是春秋时期左丘明的《左传·宣公十五年》：'宋及楚平，华元为质。盟曰：'我无尔诈，尔无我虞。''"

"尔虞我诈。"老师重复了一遍，笑了笑，"相对于真诚，欺诈做反义确实很准确。只是在人类社会演变的过程中，欺诈的行为从未停止过。人们之所以唾弃这种行为，是因为这与人们公认的真诚是良好品质的共识相违背。如果一个社会，欺诈的行为受到严惩，人人喊打，这个社会的正气才能树立起来。"

"是的，老师。尤其我在街头看到有人拿着各种所谓投资项目宣传单，针对老人为那些欺诈公司助纣为虐时，我就特别特别气愤！"说到这儿，丹丹生气得攥着拳头。

【鉴古晓礼】

"要对社会良知有信心，要相信礼的力量。再考考你，有一种行为打着真诚的幌子，暗地里却是欺诈和陷阱，对应一个成语。"老师说道。

丹丹学礼仪

丹丹略略想了一下："是不是口蜜腹剑？"

"嗯，这个词说的是唐玄宗时期的宰相李林甫。这个人嫉贤妒能，非常嫉恨有可能威胁到他相位的官员。他善于欺骗，常常表现得很真诚很关心，言语动听，似乎处处为人着想，但暗中却是阴谋陷害。世人都称他是'口有蜜，腹有剑。'有几个例子特别能说明他这种恶劣的行径。"老师端起茶杯喝了一口，接着往下说，"有一个谏官不听李林甫的话，上奏本给唐玄宗提建议。第二天，就接到命令，被降职到外地去做县令。大家知道这是李林甫的意思，以后谁也不敢向玄宗提意见了。"

"一次，唐玄宗在勤政楼上隔着帘子眺望，兵部侍郎卢绚刚好骑马经过楼下。唐玄宗看到卢绚风度很好，随口赞赏几句。第二天，李林甫得知这件事，就把卢绚降职为华州刺史。卢绚到任不久，又被诬说他身体不好，不称职，再一次降了职。"

"还有一个例子是有一位官员叫严挺之，被李林甫排挤在外地当刺史。后来，唐玄宗想起他想重新起用他为朝廷做事，李林甫表面上答应给唐玄宗找人但事后又使诈坑害。李林甫找来严挺之的弟弟，说只要叫李林甫上一道奏章说得了病请求回京城来看病，唐玄宗就会让严挺之回来。严挺之接到他弟弟的信，真的上了一道奏章，请求回京城看病。李林甫就拿着奏章去见唐玄宗，说真太可惜，严挺之现在得了重病，不能干大事了。唐玄宗听后惋惜地叹了口气，也就没有让严挺之回来。"

"这个李林甫真的很狡诈阴险呢！这么多人上当受骗惨遭厄运，应该引以为戒！"丹丹有点生气。

"这就是典型的表里不一，其人格、品性都是有严重问题的。我们学习礼仪，其中很重要的一点就是真诚待人的原则，不能撒谎欺骗，不能明里一套，背地一套，这是遭人唾弃的！"

"是呀，我想起了论语中的一句话：'爱人者，人恒爱之；敬人者，人恒敬之'。真诚地对待别人，自然也能得到他人的理解，就是要明明白白地做人做事。"

第四章　学习礼仪

领悟内涵提高素质

图19-1　如如和老师合十礼图

图19-2　如如和老师合十礼图

图解：
　　在亚洲地区很多地方，人们用合十礼来表达内心的真诚。

171

丹丹学礼仪

20. 宽容原则是行为修养的觉醒

【情景演绎】

"老师,公司发生了一件事,让我很感动!"丹丹一进门就激动地和老师说道。

老师放下笔,听丹丹说下去。

"前段时间,公司有一个技术攻关课题要突破,公司成立了两个公关小组,同时进行。这是一个公司当前的重大事务,两个小组之间也充满了竞争的气息。

"到了进度通报的那一天,刘博士那组首先展示,当几组核心数据出来后,李博士激动地站起来,大声质疑:'这几组数据昨天晚上我们才刚刚得出,怎么你们现在就有了,而且和我们的一模一样。演算路径根本不是这样!'这可不是一般的开玩笑,这是一个严重严肃的质疑,刘博士仿佛被侮辱了一般,两手紧紧扶住讲台,嘴唇一直在颤抖。顿时,空气中凝固了紧张的气息。"

"见事态严重,在场的专家审评组马上停止了演示。召集刘博士,李博士单独进行了闭开会议。一停止就是一个多小时,这期间在场的人员议论纷纷,而两边研究小组的成员更是几乎压不住情绪,随时都会爆发。好不容易,闭门会议结束,专家组示意演示继续,这时,李博士真诚地向刘博士道歉:'对不起,错怪你了。这个项目应该由你们继续研究。'"

"出乎大家意料,刘博士转向专家评审团说:'李博士的路径与算法与

第四章　学习礼仪
领悟内涵提高素质

我们的不同，结果却是一致的，这证明了，这一课题存在多种解决方案的可能。我希望能与李博士的团队携手合作，共同攻克这个技术难题。'"

"顿时，全场响起热烈的掌声。刘总代表专家组赞同了这个提议。老师，你说过，社会活动的行为，大多都可以用礼仪学的知识解释。请你为我讲解。谢谢你！"

"礼仪原则中有一条：宽容原则。宽容原则说着容易，实则作为当事人实施起来，却是极困难的。"

"对呀！老师，你快说说！"丹丹急切地说。

"丹丹，在社会交往中，什么样的行为会严重地破坏和谐并产生对抗？"老师引导着丹丹思考的方向。

"误解、冤枉、诽谤、攻击……"丹丹说。

"那么，被施以这些行为的人会产生怎样的情绪？"

"愤怒！"丹丹不假思索地回答道。

"是的，人们在社交行为中受到伤害之时，愤怒情绪的反应是人性的本能。另外，宽容的行为实施主体本我，是实施者自主裁量的表达手段。也就是说，在愤怒绪向宽容行为转化的过程中，交往各方是不能强加与约束作为实施主体的宽容行为表达。正因为如此，拥有宽容的胸怀是一个人礼仪修养的高级表现手段。反之，当一方承认过错，并真诚道歉后，不懂得宽容原则，仍旧不依不饶地追责、挖苦、责骂，甚至付诸武力。那只能让本来已经紧张对抗的社会关系走向激化。"

"嗯，老师，以后我碰到这种情况怎样表达才更好呢？"丹丹诚恳地请教老师。

"据理而争，得理饶人，宽容原则的实施节点应该在双方共识的前提下才会合理！"老师一字一句，强调地说出要点。

"哦，我明白了。李博士真诚道歉、张博士宽容接受，双方化解了矛盾，达到了礼仪中和谐的状态。"丹丹豁然开朗地说。

丹丹学礼仪

【旧故新知】

"是的。嗯，我在这讲一个关于宽容的经典故事。"

听到老师要讲故事，丹丹马上坐好，聚精会神地听了起来。

"李斯特是世界著名的钢琴演奏家。在当时，他的音乐会很受欢迎，大家趋之若鹜，一票难求！以至于哪怕是李斯特学生的音乐会，社会上也有强烈反响。有一个年轻人在自己音乐会的海报上冒充是李斯特的学生，一方面是为了自己的音乐会获得关注，另一方面，他确实潜力研究李斯特所有的音乐作品，在演奏技法与表现力上，积极模仿李斯特的风格。演出前的一天，李斯特突然愤怒地出现在年轻人面前，指责这种欺诈行为。年轻人惊恐不定，哭泣着请求宽恕。李斯特想了很久，说：'请你弹奏一下《匈牙利狂想曲》。'当年轻人演奏开始，李斯特惊讶地发现年轻人的演奏技巧高超，演奏风格确实与自己的风格接近，于是亲手示范了几个关键的演奏处理，耐心地和年轻人分析曲目的内涵。末了，李斯特宽容地对年轻人说：'你现在已经是我的学生了，大胆地去完成你的音乐会。晚会最后一个节目，我将为你演奏一曲。'"

"想不到李斯特这样的音乐大师是这么宽容啊……"听到这儿，丹丹的泪水都涌了出来。

"哎，哎，先别那么感性，再来说说宽容的前提条件。"老师笑了起来。

"好的。"丹丹破涕为笑，"宽容原则实施的前提是对方真诚承认错误，并真诚道歉。宽容行为实施者是本体，是本体自愿自发的行为表达，也就是说，作为李斯特，只是阻止年轻人不继续开音乐会，停止伤害自身名誉，已经是宽容的表达了。"

"请注意！"老师语气严肃起来，"如果年轻人的演奏水平，未达到李斯特的要求，他也绝不会同意年轻人使用他学生的名义举行音乐会！因为，这样会违背社会礼仪中的诚信原则。李斯特认可年轻人的演奏水平，亲自指导年轻人演奏技巧，事实上完成教与学的师生关系，宽容地保住了年轻人前途的声誉，也巧妙地符合了社会行为规则的约束。"

"坚持原则的宽容需要宽广的胸怀啊！老师，我需要学习的还有很多很多……"丹丹感叹地说。

【举一反三】

"对了，老师布置你找对应礼仪宽容原则的成语，找到了吗？"老师问道。

"我选择了好久，反义的成语一直觉得不是那么贴切。"丹丹回答道。

"我挑了一个成语你看一下。"老师递过写着成语的本子给丹丹看。"睚眦必报。"老师特地加强语气念出来，"这个成语出自《史记·范雎蔡泽列传》：'一饭之德必偿，睚眦之怨必报。'这是指像瞪眼这样极小的矛盾也报复，比喻心胸很狭窄。"老师解释道。

"连瞪一下眼都要报复，那其他的事更别指望这种人宽宏大量了。"丹丹撇了下嘴，小声地说。

"所以，人们对胸怀宽广的人总是充满敬意的，有些德行高的人士，甚至会放下前嫌，帮助伤害过他的人……"老师平缓地补充。

"是的是的，成语'以德报怨'说的就是这样的人。"丹丹抢过了话头，"对应宽容原则我挑的就是这个成语。成语'以德报怨'出自《论语·宪问》：'或曰：以德报怨，何如？'子曰：'何以报德？以直报怨，以德报德。'意思是不记别人的仇反而给他好处。"

"你看，同样都是行为主体，一个瞪一眼都要报复，一个却不记仇，反过来帮助对方，这形成多么大的反差。宽容行为是实施主体的自愿行为，充分体现出实施人高贵的精神境界。能够宽容对事对人，在礼仪宽容原则上高风亮节地体现出来，这样的人一定能被大家所接受，备受人们推崇，会被视为德高望重之人。"

"嗯，总之不能太斤斤计较、小里小气，这样的人同事是不会喜欢的。"丹丹的语气里透着一股坚定。

【鉴古晓礼】

"丹丹，老师再给你讲一个历史上有名的故事。赵惠王时期，廉颇是赵国名将，英勇善战，曾率兵击败齐国，夺取阳晋，被任命为上卿。而蔺相如因渑池相会上，与秦昭襄王斗智斗勇，最终为赵国和赵惠王争取了荣誉和颜面，被赵惠王拜为上卿，地位在廉颇之上。廉颇不以为然，认为蔺相如不过是口舌之功，取巧之徒，位列竟然在自己之上，非常恼怒。他对自己的门客说：'蔺相如有什么本事。我南征北伐，攻下多少城池，立过多少次大功，日后见面一定要给他点颜色看看。'这话传到蔺相如耳里，蔺相如便尽量避开廉颇，并且装病不去上朝。"

"这廉颇将军口气也太大了，蔺相如毕竟立下很大的功劳。"丹丹激动地说道。

"别急，故事还没结束呢！有一天，蔺相如坐车上朝，在路上看见廉颇的车马迎面而来，赶紧叫车夫把车躲进小弄堂里，给廉颇让道。蔺相如的属下有点看不过去，责怪蔺相如不该那么惧怕廉颇。蔺相如笑着问他们：'你们说，廉颇将军厉害，还是秦王厉害？'手下人都说秦王厉害。蔺相如又说：'秦王我都不怕，我会怕廉颇吗？今天秦国不敢入侵我国，是因为有我和廉颇在，一旦我们不和，就会削弱内部力量，秦国就会乘机入侵。所以我不与廉颇争高低，为的是国家稳定。'后来，蔺相如的话传到廉颇耳朵里。廉颇听说后，深为自己的无知感到羞愧，更加佩服蔺相如的高风亮节，便脱去上衣，背着荆条，去蔺相如府上请罪。而蔺相如宽宏大量，不计前嫌，礼待廉颇。"

"哦哦，这就是'负荆请罪'了。"丹丹终于领悟似的点点头。

"是的，廉颇意识到自己的错误，也明白蔺相如以大局为重的苦衷。从

第四章　学习礼仪
领悟内涵提高素质

此以后,他们互相谅解,成了生死与共的朋友,赵国也更加强盛了。丹丹,这个故事很好地说明了宽容原则的重要性,'退一步海阔天空',待人接物一定要有海纳百川的包容气魄,这是非常重要的原则,与人和善要学会换位思考,不仅展现个人的优良品德,同时也能获得他人的尊重和赞赏!"

"嗯嗯,老师,我一定谨记你的话,在生活和工作上与人和睦相处,学会体谅和包容,获得领导、同事和朋友们的喜爱和认可!"

图解:
经过一段时间的学习,丹丹成长为自律自信的职场女性。这个过程有丹丹自身的努力,也有老师宽容和耐心的教导。合影时,丹丹略靠后站,让老师身形完全凸显出来。这是较为尊重的站位方式。

图20--1　丹丹与老师合影图

177

DANDAN XUE LIYI 丹丹学礼仪

图20-2 丹丹风采图

图20-3 丹丹风采图

图20-4 丹丹风采图

图20-5 丹丹风采图

后记

　　个人礼仪行为就好像是合唱中每一个独立的声音。它的美感在于和谐，在于融入集体，而不是在于独特。因为，人们的共同认可、共同遵守才是礼仪行为的基础。同学丹丹、邻家丹丹、师姐师妹丹丹……这些生活在你、我、她身边的丹丹都是可以互相学习的对象。还有伟大的政治家，卓越的科学家、成功的商人、都是值得学习的对象。只是，他们太独特，普通人太难达到这样的高度。于是，我发明了这样一个词汇："普通的成功者"这样的人，在某个领域有着自己稳定，成熟的经验和积累，经得起社会动荡的冲击。这样的人，往往善于融入社会，适应时代的变化，是懂得社会礼仪的人，是可以学习的对象。这本书在写作的过程中，我试图将法则融入情景之中，因而，不一定能大而全。在礼仪通识部分的写作与整理中，我们着重实践的规则，着重训练部分的编写。这一部分参与编写的是我的朋友、同事、学生，都是些普通人。编写过程中，难免有些疏漏，借鉴时或许有些雷同，敬请大家多多包涵。"国家兴亡，匹夫有责。"如果我们的匹夫之力能为社会做点贡献，那么，我们所有的参与人员都会感到欣慰与自豪。